Gerlinde Bartels

Krieg und Nachkrieg.

Abb. 1: Friedrich Christ im Gerichtssaal in Dachau, Juli 1946

Gerlinde Bartels

Krieg und Nachkrieg.

Biografische Skizze eines SS-Offiziers

1937–1957

Friedrich Christ

1920–2002

Impressum

Gerlinde Bartels
Krieg und Nachkrieg.
Biografische Skizze eines SS-Offiziers 1937–1957

2., erweiterte Auflage 2019

© 2019 book-on-demand

in der Westarp Verlagsservicegesellschaft mbH
Kirchstr. 5
39326 Hohenwarsleben

www.westarp.de

ISBN: 978-3-96004-039-2

Satz, Druck und Bindung: Druckerei Kühne & Partner GmbH & Co. KG
www.unidruck7-24.de

Printed in Germany.

Inhaltsverzeichnis

„Unser Ausgangspunkt [für die Ausdeutung der Geschichte, G.B.] ist der vom einzigen bleibenden und für uns möglichen Zentrum, vom duldenden, strebenden und handelnden Menschen, wie er ist und immer war und sein wird."

Jacob Burckhardt 1868

Einleitung

Diese Arbeit stammt nicht von einer Historikerin und wendet sich nicht unbedingt und nicht nur an ein Fachpublikum. Ursprünglich war sie sogar explizit für jugendliche und jüngere erwachsene Leser gedacht, ein Interesse für Geschichte und einige wenige Vorkenntnisse vorausgesetzt. Gleichzeitig sollte die Arbeit möglichst aber auch den Qualitätsansprüchen fachkundiger Leser genügen.

Im Zentrum steht die Biografie des im Jahre 2002 verstorbenen Friedrich Christ, eines früheren SS-Offiziers und verurteilten Kriegsstraftäters. Den Anlass für die Beschäftigung mit dem Thema gaben Christs schriftliche Hinterlassenschaften, die er in zwei Pappschachteln von etwa Schuhkartongröße aufbewahrt hatte. Diese galt es entweder zu entsorgen oder als Arbeitsauftrag anzunehmen. Entscheidend für die Annahme war dabei die Vorstellung der Autorin, zu den Letzten zu gehören, die historische Recherchearbeit zu dieser Person mit einzelnen Splittern persönlicher Erinnerung verbinden könnten.

Die Absicht der Arbeit besteht darin, Christs Lebensgeschichte zu erhellen und vor einem in rascher Wandlung begriffenen historischen Hintergrund zu verstehen und darzustellen. Die hier betrachtete Zeit reicht von 1937 (Eintritt von Friedrich Christ in die SS) bis 1957 (Entlassung aus der Bewährungsaufsicht, zwei Jahre zuvor Entlassung aus amerikanischer Haft). Die parallele und verbindende Betrachtung von persönlichem Lebensweg und allgemeiner Zeitgeschichte erscheint geeignet, sowohl das eine wie auch das andere besser zu verstehen. Das Leben muss rückwärts verstanden werden (Kierkegaard), aber man darf dabei nicht übersehen, dass es vorwärts gelebt werden muss.

Einzelbiografien von prominenten NS-Tätern gibt es durchaus, besonders von den Hauptkriegsverbrechern. Vor allem in der ersten Nachkriegszeit handelte es sich hierbei allerdings oft um traditionelle Erzählungen (Mythenbildung, Dynastiegeschichte) oder exemplarische Darstellungen (Vorbild oder Abschreckung). Später, mit zunehmendem Abstand von der NS-Zeit und veränderter Quellenlage, überwogen kritische Sichtweisen (neuer Blick auf Altbekanntes). Auch weniger prominente oder bis zu ihrem Prozess fast unbekannte Angehörige der Totenkopfverbände (eines Teils der Waffen-SS) waren nun ebenfalls Gegenstand von Lebensbeschreibungen, zumal sich allgemein das historische Erkenntnisinteresse auch auf Mikro- und Alltagsgeschichte verlagerte, sodass nun auch „gewöhnliche" Verbrecher interessant wurden. Vielfach beforscht und beschrieben wurde das Leben von SS-Hauptsturmführer Joachim Peiper, Hauptperson in einem aufsehenerregenden Kriegsverbrecherprozess (Malmedy-Prozess), in welchem der in dieser Arbeit im Mittelpunkt stehende Friedrich Christ eine Art Nebenrolle spielte. Viele Biografien von SS-Angehörigen enden bereits 1945, ein weiterführender Ansatz nimmt auch die Zeit nach Kriegsende und die ersten Jahre der Bundesrepublik mit in den Blick.

In der vorliegenden Arbeit geht es also nicht um einen *prominenten* NS-Täter. Es geht auch nicht um ein Konzentrationslagerverbrechen oder um Verbrechen an Juden oder ein sonstiges Verbrechen gegen die Menschlichkeit. Es geht vielmehr um ein „herkömmliches" Kriegsverbrechen, allerdings auf dem Hintergrund der NS-Ideologie, und um einen gewöhnlichen Angehörigen der Waffen-SS, der stellvertretend für tausende kleinerer und mittlerer SS-Offiziere betrachtet werden kann. Eine biografische Recherche über einen SS-Offizier dieses Personenkreises, es handelt sich um die Angehörigen der sogenannten Junkerschulgeneration, veröffentlichte 2015 der Militärhistoriker Jens Westemeier im Auftrag der Universität Konstanz. Im Jahr 2016 erschien bei Books on Demand, erarbeitet von dem Historiker Timo Worst, eine sehr ausführliche Biografie über Gustav Knittel, wie Christ ein Angeklagter im Malmedy-Prozess. Weitere Einzelbiografien über Angehörige dieser Personengruppe sind der Autorin bislang nicht bekannt.

Was den Zeitpunkt der Erstellung dieser Arbeit angeht, handelt es sich um einen Übergang von individueller, subjektiver, persönlich weitergegebener Erinnerung in eine kollektive, historische, kulturell geformte und gesellschaftlich tradierte Erinnerung. Dieser Übergang findet typischerweise in der dritten bis vierten Generation statt. Die Autorin gehört nach der Indexperson Friedrich Christ zur zweiten Generation, damit zumindest teilweise noch zur gleichen Erfahrungsgemeinschaft wie er. Beim Schreiben hatte sie die dritte und vor allem die vierte Generation im Blickfeld.

Es geht darum, eine problematische Lebensgeschichte in schwierigen Zeiten und den schwierigen Umgang damit zu erhellen, diese aber gleichzeitig in ihrer Komplexität, Mehrdeutigkeit und moralischen Ambivalenz bestehen zu lassen, anzuerkennen und zu ertragen. Der Leserin und dem Leser sollen genug Informationen und mögliche Deutungen an die Hand gegeben werden, um sich daraus ein eigenes Bild von der Person, der jeweiligen Situation und dem sich wandelnden zeitlichen Hintergrund zu machen. Die Autorin verbindet mit ihrem Vorgehen die Hoffnung, dass die Leserin und der Leser, mit diesem Wissen ausgerüstet, auf schnelle Bewertungen, schlichte Deutungen und einfache Urteile verzichten können.

Die Darstellung einer kompletten Biografie ist nicht beabsichtigt. Es geht um eine Zeitspanne von etwa 20 Jahren, die Zeit des „Dritten Reichs" und des ersten Jahrzehnts der westdeutschen Besatzungszonen bzw. der ersten Jahre der Bundesrepublik, also um Krieg und Nachkrieg.

Die anfangs sehr dürftige Quellenlage zu Friedrich Christ sowie der längere Vorlauf bei der Nutzung eventuell noch aufspürbarer archivalischer Quellen bewogen die Autorin dazu, sich zunächst mit der allgemein zugänglichen Literatur über die SS und ihre Kriegsbeteiligung, die Ardennenoffensive, den Malmedy-Prozess und seine Überprüfungen, die alliierte, insbesondere amerikanische Besatzungspolitik und mit den Anfängen der Bundesrepublik Deutschland zu beschäftigen. Auf diesem Hintergrund konnten dann doch in erstaunlichem Umfang einzelne Informationssplitter zur Person Friedrich Christ aus Archivgut und aus privaten mündlichen und schriftlichen Quellen in den jeweiligen zeithistorischen Rahmen eingefügt werden. Hieraus ergaben sich dann Fährten für weitere Recherchen sowohl zur Biografie als auch zum gesellschaftlichen und politischen Rahmen.

Im Laufe der Arbeit wurde immer deutlicher, dass eine Aneinanderreihung möglichst vieler Fakten (wobei es ohnehin nur bei einem Versuch bleiben würde) nicht zwangsläufig zur „Wahrheit" führt. Die Suche richtete sich zum einen vornehmlich auf bisher weniger beachtete Stellen der Überlieferung, hier vor allem auf die Gefängnis- und Bewährungszeit, und in zeitlicher Parallele dazu auf die Vergangenheitspolitik in Westdeutschland im ersten Jahrzehnt nach dem Krieg. Dabei war die Autorin bemüht, einerseits auch Einzelheiten genügend zu beachten, aber sich andererseits in der Darstellung auf *bedeutsame* Einzelheiten zu beschränken. Zum anderen richtete sich die Suche auf eventuell noch vorhandene Ego-Dokumente von Friedrich Christ und auf andere Quellen, aus denen Informationen über Selbstwahrnehmung, Selbstdarstellung und innere Vorgänge der Hauptperson hervorgehen.

Außer den allgemein zugänglichen gedruckten oder im Internet veröffentlichten Quellen wurden die Bundesarchive in Berlin (hier insbesondere die SS-Personalakte), Koblenz (hier insbesondere Unterlagen der Rechtsschutzstelle) und Freiburg (Militärarchiv) genutzt. Einzelne Angaben stammen aus anderen Archiven (Bayerisches Staatsarchiv, Landesarchiv Baden-Württemberg). Einige der zitierten Autoren steuerten durch Antworten auf Nachfragen der Autorin wertvolle Hinweise bei.

Für die vorliegende 2. Auflage des Textes standen der Autorin auch Auskünfte der „Deutschen Dienststelle für die Benachrichtigung der nächsten Angehörigen" (WASt) zur Verfügung, hierunter Kopien aus dem Wehrstammbuch, außerdem eine umfangreiche (fast vollständige) Kopie von Christs Gefängnisakte der „National Archives und Records Administration" (NARA) in Washington/USA sowie zusätzliche Dokumente, die der Militärhistoriker Dany S. Parker der Autorin dankenswerterweise überließ. Eine Reise zu den für diesen Text wichtigsten Schauplätzen der Ardennenoffensive, insbesondere dem Ort des endgültigen Scheiterns der Kampfgruppe Peiper, vergrößerte das Verständnis für die militärische und damit auch die persönliche Situation der Hauptakteure.

Die Mitverurteilten des Malmedy-Prozesses sind bis auf eine einzige fragliche Ausnahme inzwischen verstorben, ebenso wie mutmaßlich andere wichtige Akteure der damaligen Zeit. Ihre Erinnerungen hätten nach den Berichten anderer Autoren auch keinen zusätzlichen Erkenntniswert mehr erwarten lassen.

Personen aus dem direkten Umfeld Friedrich Christs konnten leider kaum noch befragt werden. Die meisten sind bereits verstorben (die Lebensgefährtin, der Sohn, die Schwester und der Schwager sowie deren Sohn). Andere wollten nicht befragt werden. Wertvolle persönliche Berichte stammen von einer Nichte Christs und deren Ehemann. Hingegen gaben die Familienangehörigen der Mutter des Sohnes von Christ an, dass dieser ihnen nicht bekannt gewesen sei.

Das innere Bild der Autorin von der Person Friedrich Christ und seiner Zeit entstand im Laufe des Arbeitsprozesses während und bei der Suche nach den Quellen. Die Darstellung, also der Aufbau dieser Arbeit, folgt demgegenüber im Wesentlichen dem historischen Ablauf der betrachteten Geschehnisse zwischen 1937 und 1957. Die in die Erzählung eingeschobenen mehr sacherläuternden Textteile können ihrem Wesen nach nicht in gleicher Weise zeitlich geortet und aufgereiht werden. Sie wurden im Text jeweils dort eingefügt, wo dies inhaltlich plausibel erschien.

Die Arbeit wurde von Anfang an begleitet und maßgeblich befördert durch den Historiker Dr. Karsten Wilke aus Bielefeld. Ihm gilt der ausdrückliche Dank der Autorin für seine beständige Begleitung, kritische Anregung und Ermutigung, deren sie als Nicht-Historikerin in besonderem Maße bedurfte.

Posthum möchte die Autorin ihrem ersten Geschichtslehrer Dr. Reinhard Adam danken, der noch im langen 19. Jahrhundert geboren wurde und in seiner Haltung dessen historische und Bildungstraditionen in die jetzt bereits wieder vergangene Gegenwart der 1950er Jahre des 20. Jahrhunderts mitnahm.

Anfänge

Friedrich Christ wurde am 21. Februar 1920 in München in seiner elterlichen Wohnung geboren und eine Woche später auf den Namen Friedrich Joseph Christ katholisch getauft.

Über seine Vorfahren lassen sich interessante Informationen aus seinem späteren, bei seinen privaten Unterlagen erhalten gebliebenen Antrag auf einen „Ahnenpass" herauslesen. Sein Vater, Wilhelm Christ, geboren am 24. Juli 1873, war bei Friedrichs Geburt bereits 47 Jahre alt. Für ihn war es die zweite Ehe. Ein Sohn aus seiner ersten Ehe war wesentlich älter als die Kinder seiner zweiten Frau. Die erste Ehefrau war früh an Tuberkulose verstorben. Die väterliche Familie stammt aus Buchen im Odenwald, wo auch Wilhelm Christ noch geboren worden war. Sie kann dort bis mindestens 1750 zurückverfolgt werden. Die Berufe der männlichen Vorfahren werden mit Strumpfwirker, Stricker, Tüncher, Zimmermann oder Steinhauer angegeben. Erst der Vater von Wilhelm Christ, zunächst Tüncher, verließ im Erwachsenenalter die ländliche Heimat, war zuletzt Portier und starb 1904 in Mannheim, seinerzeit noch Großherzogtum Baden. Wilhelm Christ zog nach Oberbayern und wurde zusammen mit seinem ersten, seinerzeit sechsjährigen Sohn erst 1915 in das Königreich Bayern eingebürgert. Seinen eigenen überlieferten Aussagen nach war er in der Kleinstadt Freising, seinem langjährigen Wohnort, geprägt durch ein bürgerliches, national-konservatives, katholisches Milieu, als Fremder und als sozialer Aufsteiger nie wirklich heimisch geworden. Sein Beruf wird in älteren Dokumenten als Expedient angegeben, später als Versandleiter. Aus einfachsten Verhältnissen kommend erarbeitete er sich eine respektable berufliche Position und erlangte einen bescheidenen Wohlstand. Wilhelm Christ verstarb am 16. Juli 1943 in Freising. Er hat also das Ende des Krieges und das weitere Schicksal seines jüngeren Sohnes Friedrich nicht mehr erlebt.

Friedrichs Mutter, Theresia Christ, wurde am 9. Januar 1892 geboren und war bei Friedrichs Geburt 28 Jahre alt. Sie stammt aus Gremertshausen, einem Dorf bei Freising. Ihr Vater war Bauer, und alle Vorfahren väterlicher- und mütterlicherseits waren ebenfalls Bauern oder Häusler. Nach der Volksschule ging sie durch Vermittlung eines Onkels, welcher Hofkastellan in Schloss Nymphenburg war, nach München, wo sie durch Arbeit in respektablen Häusern sozial aufsteigen und ihren Horizont erweitern konnte. Den späteren Ehemann lernte sie interessanterweise bei einem Museumsbesuch kennen. Die Ehe wurde am 21. November 1917 geschlossen. Die Familie zog bald nach Friedrichs Geburt nach Freising, wo Theresia Christ bis zu ihrem Tod wohnte. Sie bekam noch ein weiteres Kind, eine um ein Jahr jüngere Tochter.

Abb. 2: Friedrich Christ, 14 Jahre alt, als Hitlerjunge, 1934

Nach Angaben des späteren Schwiegersohns und anderer Verwandter hatten auch Theresia Christ und ihre Kinder Schwierigkeiten, in der Umgebung anerkannt zu werden. So sei ihr unter anderem bedeutet worden, dass es für eine zugereiste Familie mit einfacher Bildung unpassend sei, den Sohn auf ein Gymnasium zu schicken. Die Erziehung war insoweit traditionell, als Theresia Christ ihren Sohn eher verwöhnte und alles für ihn zu tun bestrebt war, die Tochter hingegen eher streng erzog und ihr zum Beispiel trotz guter Noten eine höhere Schulbildung als „unnötig" verweigerte. Theresia Christ verstarb am 20. Dezember 1979 in Freising, überlebte ihren Ehemann also um 36 Jahre. Das Schicksal ihres Sohnes hat sie also noch erlebt, und sie nahm später auch an der Geburt und dem Aufwachsen seines (unehelichen) Sohns und sogar noch an der Geburt der Urenkelin Anteil.

Die familiäre Atmosphäre soll emotional eher karg gewesen sein. Auf die Bedeutung der familiären und gesellschaftlichen Atmosphäre der Zwischenkriegszeit nicht nur für die kindliche, sondern auch für die politische Entwicklung weisen unter anderem die Autorinnen Althaus und Chamberlain hin. „Die Kinder wurden schon vor dem Nationalsozialismus zu Nazis, weil sie einer autoritären und menschenverachtenden Erziehung ausgesetzt waren". Das Verhältnis von Wilhelm Christ zu seinem Sohn Friedrich wird als distanziert bis problematisch beschrieben. Der Vater soll insbesondere von den schulischen Leistungen des Sohnes enttäuscht gewesen sein, da Friedrich das angestrebte Abitur nicht erreichte.

Friedrich Christ besuchte fünf Jahre lang eine Grundschule (eine an ein Lehrerseminar angegliederte „Seminarübungs- schule") und danach drei Jahre lang ein Gymnasium. Danach ging er weitere drei Jahre auf eine „Deutsche Aufbauschule", die aus einer früheren Lehrerbildungsanstalt hervorgegangen war. Dort erhielt er zu Ostern 1937 die Mittlere Reife. Danach begann er eine Banklehre. Diese wurde aber nach kurzer Zeit wegen des obligatorischen Arbeitsdienstes und im Hinblick auf die geplante Militärlaufbahn beendet. Im Wehrstammbuch ist als Beruf bei Eintritt in die SS „Bankangestellter" verzeichnet.

Mit gerade dreizehn Jahren, am 1. März 1933, trat Friedrich Christ in die Hitlerjugend ein. Er hatte dort den Posten eines Kameradschaftsführers (eine „Kameradschaft" war nach einer „Rotte" die zweitunterste Organisationseinheit der Hitlerjugend). Es existiert ein amtsärztliches Gutachten über ihn aus dem Jahre

1934. Er war damals bereits 169,5 cm groß (wenn auch noch nicht ausgewachsen, seine Erwachsenengröße wird mit 184 cm angegeben) und wird als in jeder Hinsicht gesund und sportlich beschrieben. Dieses Attest wurde für den beabsichtigten Eintritt in eine „Bayrische Lehrerbildungsanstalt", vermutlich also die „Aufbauschule", beantragt.

Vom 1. Oktober 1937 bis zum 28. März 1938 absolvierte er in Markt Tittling, Landkreis Passau (seinerzeit „Bayern Ostmark") den damals obligatorischen Reichsarbeitsdienst (RAD). Dies war Voraussetzung für die anschließend beabsichtigte Militärlaufbahn. Das Reichsarbeitsdienstlager 2/295 in Tittling umfasste zu dieser Zeit mehrere hundert Dienstleistende, die für Arbeiten in der Landwirtschaft und bei der Bodenverbesserung, insbesondere Bachregulierung und Drainage, eingesetzt wurden. Außerdem nahm die vormilitärische Ausbildung großen Raum ein. Christ verließ den RAD mit der Führungsnote „sehr gut" und der „Eignung zum Vormann".

Vorkrieg

Im Jahre 1937 wurde Friedrich Christ in den Freisinger SS-Sturm der 92. SS-Standarte „Ingolstadt" aufgenommen. Bereits im Sommer des gleichen Jahres, seinerzeit also 17 Jahre alt, entschied er sich für den freiwilligen Eintritt in die SS-Verfügungstruppe (VT), wie eine diesbezügliche schriftliche Erlaubnis seines Vaters vom 10. August 1937 in seinen Wehrunterlagen dokumentiert. Im Wehrstammblatt (grundlegendes Erfassungsmittel der örtlichen Polizeibehörden für Wehrpflichtige) ist sogar der 1. April 1937 als Beginn seiner SS-Zugehörigkeit angegeben. Am 4. April 1938, jetzt also gerade achtzehn Jahre alt, trat er in die SS-Verfügungstruppe (VT), Staffel „Deutschland", ein. Seine SS-Nummer (fortlaufende

Nummer im Mitgliederverzeichnis der Gesamt-SS) war 39.1951. Mitglied der Nationalsozialistischen Deutschen Arbeiterpartei (NSDAP) war er laut seiner Personalakte bei der SS nicht. Diese war zwischen 1933 und 1945 die einzige in Deutschland zugelassene Partei. Sie hatte bei Kriegsende ungefähr acht Millionen Mitglieder.

Die Abkürzung SS steht für „Schutzstaffel". Diese existierte bereits seit den 1920er Jahren und war in Umgehung der Bestimmungen der Versailler Verträge, nach denen im Deutschen Reich lediglich 100.000 Mann unter Waffen stehen durften, gegründet worden. Zunächst war sie die Leibgarde Adolf Hitlers, expandierte dann schnell und wurde zum Herrschaftsinstrument der NSDAP. Die SS wurde ab 1925 bis Ende April 1945 von Heinrich Himmler geführt. Der studierte Landwirt war bereits in jungen Jahren hauptamtlicher Funktionär der NSDAP und gelangte rasch zu einer ungeheuren Machtfülle. Seit 1929 war er Reichsführer der SS, später dann zusätzlich Chef der deutschen Polizei, Reichskommissar für die Festigung des deutschen Volkstums, Reichsinnenminister und Befehlshaber des Ersatzheeres. Er war der zweite Mann nach Hitler und Anhänger sowie maßgeblicher Beförderer der nationalsozialistischen Germanenideologie.

Die SS-Verfügungstruppe, eine speziell für Zwecke der Machtsicherung der NSDAP ohne gesetzliche Grundlage gegründete Einsatztruppe, aus der später die Waffen-SS hervorging, unterstand Hitler persönlich und sollte offiziell in Friedenszeiten polizeiliche Aufgaben wahrnehmen. Tatsächlich wurde sie z.B. bei der Absicherung von Veranstaltungen der Partei eingesetzt. Sie war kaserniert und zunächst unbewaffnet. Die VT und die spätere Waffen-SS wurden schrittweise zu einer Art Parallel-Streitmacht ausgebaut, die während des Krieges auch an der Front zum Einsatz kam.

Der Dienst in der Verfügungstruppe war freiwillig und galt als Wehrdienst. 1935 wurde in Deutschland die allgemeine Wehrpflicht wiedereingeführt, nachdem sie nach dem Ersten Weltkrieg in den Versailler Verträgen von den Siegermächten abgeschafft worden war. Für die Verfügungstruppe verpflichtete man sich für mindestens vier Jahre. Voraussetzung war unter anderem der Erwerb des Sportabzeichens. Insbesondere 1938 wurde in Vorbereitung des kommenden Krieges aktiv für die Verfügungstruppe geworben, so in der Hitlerjugend, der Bauernjugend und beim Reichsarbeitsdienst. Die Hälfte der VT-Männer gehörte im Jahre 1938 den Jahrgängen 1919 bis 1922 an, es waren also Männer wie Friedrich Christ, die gerade wehrpflichtig geworden waren und ihre komplette Jugendzeit in NS-Organisationen paramilitärisch ausgebildet und indoktriniert worden waren.

Im August 1938 unterzeichnete Hitler einen Erlass, mit dem er die spätere Waffen-SS begründete. Er ernannte die VT zur stehenden Truppe in Friedens- und in Kriegszeiten. Unter anderem heißt es darin:

> „Die SS-Truppe ist weder ein Teil der Wehrmacht noch der Polizei. Sie ist eine stehende Truppe zu meiner ausschließlichen Verfügung. Als solche und als Gliederung der NSDAP ist sie weltanschaulich und politisch nach den von mir für die NSDAP und die Schutzstaffel gegebenen Richtlinien durch den Reichsführer SS auszuwählen." (zit. n. Schneider 2008, S. 80)

Die Waffen-SS war also nicht, wie später immer wieder behauptet wurde, ein Teil der Wehrmacht, und die SS-Angehörigen waren keine „Soldaten wie andere auch". Dies war weder von ihren Erfindern und Führern so gemeint, noch wurde es juristisch, administrativ und praktisch so gehandhabt. Die SS verstand sich als Gralshüterin der NS-Ideologie, und Himmler war bestrebt, mit der VT und später mit der Waffen-SS die militärischen und machtpolitischen Voraussetzungen zur Durchsetzung dieser Ideologie zu schaffen.

Der Nationalsozialismus war eine faschistische und rassistische Ideologie, die von ihren Anhängern mit großem Fanatismus vertreten wurde. Die Menschheit wurde danach in höhere und niedere „Rassen" eingeteilt. Germanen und insbesondere Deutsche galten als am höchsten stehend, Slawen und insbesondere Juden als minderwertig. Der Gedanke des gemeinsamen edlen Blutes war laut Parteiprogramm der NSDAP ein Schlüssel zum Verständnis der NS-Weltanschauung, und die Rassenfrage sollte der Angelpunkt aller politischen Überlegungen sein. Der gesamte Staat sollte nach rassistischen Kriterien umgebaut werden.

Ob und wie stark sich Friedrich Christ bei Eintritt in die VT mit der NS-Ideologie identifizierte, ist nicht bekannt. Es mag sein, dass er diesen Schritt aufgrund von persönlichen Problemen nach der gescheiterten Schullaufbahn und aufgrund der Schwierigkeiten mit seinem Vater erwog. Ebenso ist es möglich, dass er seiner politischen Überzeugung entsprach. Wahrscheinlich spielte bei seinem Entschluss eine große Rolle, dass die VT ihm für eine militärische Laufbahn sehr viel bessere Karrierechancen bot als die Wehrmacht, die ihren Offiziersnachwuchs eher aus dem höheren Bürgertum und dem Adel rekrutierte und Kandidaten mit Abitur bevorzugte. Es ist auch durchaus möglich, dass auf Wehrpflichtige Druck ausgeübt wurde, der Verfügungstruppe beizutreten, deren rasche Vergrößerung erklärtes Ziel Hitlers war. Dafür war bei Minderjährigen (die Volljährigkeit wurde seinerzeit erst mit 21 Jahren erreicht) die Zustimmung des Vaters erforderlich, ebenso wie für den Eintritt in die Hitlerjugend. Die Eltern Christs sollen seine Entscheidung für eine militärische Laufbahn als soziale Aufstiegschance gesehen und insoweit begrüßt oder zumindest wohlwollend gebilligt haben. Später, in der ersten Zeit des Krieges, äußerte seine Mutter bei Gelegenheit gegenüber Nachbarn einen gewissen Stolz über den Aufstieg ihres Sohnes.

Abb. 3: Friedrich Christ, 17 Jahre alt,
zur Zeit seines Reichsarbeitsdienstes, 1938

Ganz in Sinne der NS-Ideologie wurde im nationalsozialistischen Deutschland für bestimmte Personengruppen ein Abstammungsnachweis gefordert. Auch dieses Aufgabenfeld unterstand dem Reichsführer-SS Himmler. Ein solcher „Ariernachweis" war seit 1935 für Beamte vorgeschrieben und wurde später auf andere Berufsgruppen, beispielsweise nicht beamtete Lehrer, Wissenschaftler und Journalisten, ausgeweitet. Damit sollte sichergestellt werden, dass ausschließlich „reinrassige" Arier in wichtige Ämter gelangten und Personen mit z. B. jüdischen oder slawischen Vorfahren davon ferngehalten oder daraus entfernt wurden. Wer als „reinrassig" galt, war u. a. in umfangreichen Anweisungen des „Reichsverbandes der Standesbeamten" festgelegt. Für weniger wichtige Posten musste die Abstammung über vier Generationen belegt werden. Für die Laufbahn in der SS musste im Rahmen eines „großen Ariernachweises" die Herkunft bis zum Jahre 1800 nachgewiesen werden, für eine Offizierslaufbahn bei der SS sogar bis 1750. Dies geschah durch Beantragung eines Ahnenpasses, für welchen Geburtsnachweise für die Vorfahren oder entsprechende Auszüge aus Kirchenbüchern vorzulegen waren. Zuständig für die Prüfung der Abstammungsnachweise und Verleihung des Ahnenpasses war das „Rasse- und Siedlungshauptamt", welches u. a. auch Heiratsgenehmigungen erteilte. Eine beabsichtigte Heirat mussten Mitglieder der SS beim „Rasse- und Siedlungshauptamt" beantragen, und sie durften nur Frauen heiraten und nur mit Frauen Kinder zeugen, die gleichen Rassekriterien genügten (sogenannter Heiratsbefehl Himmlers von 1932).

Auch Friedrich Christ benötigte spätestens für seinen Eintritt in die SS einen „großen Ariernachweis". Seine Religion gab er in seinem Antrag auf Ausstellung eines Ahnenpasses mit „kath" an. Allerdings ist das Wort „kath" mit anderer Tinte eingefügt, ebenso wie das Todesdatum seines Vaters, der 16. Juli 1943. Es entsteht der Eindruck, dass diese beiden Angaben nachträglich eingefügt wurden. Leider ist der Antrag in der erhalten gebliebenen Version ohne Datum, vielleicht handelte es sich um ein „Arbeitsexemplar", das nicht eingereicht wurde, sondern bei den persönlichen Unterlagen blieb. Es ist also nicht bekannt, welche Religion Christ in seinem ersten oder ursprünglichen Antrag angegeben hatte. In einem handschriftlichen Lebenslauf vom 9. Oktober 1940 gab er an, im April 1940 aus der katholischen Kirche ausgetreten zu sein. Seinerzeit befand er sich in der Junkerschule Tölz. Auf Anwärter und Absolventen dieser Junkerschulen (hierzu siehe später) wurde im Allgemeinen starker Druck in dieser Hinsicht ausgeübt. In einer notariellen Urkunde von Mai 1944 bezeichnet sich Christ als „gottgläubig".

Der Begriff „gottgläubig" war 1934 von Heinrich Himmler als Religionsbezeichnung für Anhänger der NS-Ideologie per Dekret eingeführt worden. Gott wurde hierbei verstanden als unpersönliche Kraft im Universum, angelehnt an ein romantisiertes pantheistisches altgermanisches Heidentum. Bei einer Volkszählung im Jahre 1939 bezeichneten sich 3,5 % der Deutschen als „gottgläubig", 95 % als Anhänger einer christlichen Kirche. 1,5 % waren atheistisch oder religionslos. In der Beamtenschaft und insbesondere in der SS war der Anteil „Gottgläubiger" deutlich höher.

Beim Einmarsch in Österreich am 12./13. März 1938 war die Verfügungstruppe maßgeblich beteiligt. Dies war noch vor Friedrich Christs Eintritt. Jedoch ist in seiner SS-Personalakte interessanterweise eine Auszeichnung in Form einer Gedenkmedaille zum 13. März 1938 verzeichnet. Möglicherweise nahm Christ also am Einmarsch in Österreich noch als Angehöriger des Freisinger SS-Sturms teil. Er befand sich seinerzeit noch im Arbeitsdienst, war aber bereits für die Verfügungstruppe angenommen worden.

Das Wehrstammbuch Christs verzeichnet für die Zeit vom 1. September 1938 bis zum 29. Oktober 1938 seine Teilnahme an der Besetzung des Sudetenlandes (Einmarsch am 1. und 2. Oktober). Genaueres zu seiner Rolle in diesem Geschehen ist nicht bekannt. Allgemein bestanden die Aufgaben der Verfügungstruppe im besetzten Gebiet u.a. in der Verhaftung und Erschießung politischer Gegner wie Kommunisten und Sozialdemokraten sowie anderer unliebsamer Personen. Dazu gehörten beispielsweise Homosexuelle, Juden und Angehörige der als „Zigeuner" bezeichneten Volksgruppen. Eine ähnliche Rolle spielte die Verfügungstruppe hinter der Front nach dem Einmarsch in Polen im September 1939.

Krieg

Zu Kriegsbeginn, also ab September 1939, wurden die Verfügungstruppen bewaffnet und in kleineren Verbänden (Standarten) zunächst verschiedenen Heeresformationen unterstellt. Sie waren zuerst in Polen eingesetzt. Am Überfall auf Polen war Christ als Panzerführer beteiligt, wann genau und wo ist nicht bekannt. Zum 1. April 1940 wurde eine eigenständige, also nicht mehr dem Heer unterstellte, SS-Verfügungsdivision aus den verschiedenen SS-Standarten zusammengestellt, die eine Truppenstärke von etwa 21.000 Mann hatte. Sie war maßgeblich an der Invasion Hollands ab dem 11. Mai 1940 beteiligt und kämpfte in der Folgezeit entsprechend dem deutschen Vormarsch nach Westen auch in Flandern, in der Normandie und später in Mittelfrankreich. Nach dem Waffenstillstand mit Frankreich im Juni 1940 wurde sie zunächst an die spanische Grenze verlegt und später – in Vorbereitung auf eine geplante, mehrfach verschobene und letztlich nicht erfolgte Invasion Englands – in die Niederlande zurückgezogen. Am 3. Dezember 1940 erfolgte die Umbenennung in SS-Division „Deutschland" und drei Wochen später in SS-Division „Das Reich".

Abb. 4: Friedrich Christ als Soldat im Krieg,
Ort und Zeit nicht bekannt, mutmaßlich 1940 Westfront

Ab Kriegsbeginn wurden die Verfügungstruppen mit den SS-Totenkopfverbänden (benannt nach ihrem Emblem, einem Totenkopf) fusioniert und gemeinsam mit diesen als Waffen-SS bezeichnet. Diese galt im Verständnis Hitlers als technische und ideologische Elitetruppe, die auf ihn persönlich verpflichtet war und der er eher vertraute als der Wehrmacht.

Die Waffen-SS durchlief in den Jahren ihrer kurzen Existenz eine rasche Wandlung. Aus der Privatarmee des zur Diktatur entschlossenen Reichskanzlers Hitler wurde eine militärische Großorganisation mit zuletzt 38 Divisionen und insgesamt etwa einer Million Mitgliedern, von denen etwa 300.000 im Krieg fielen. Sie war zum Schluss eine Vielvölkerarmee, da auch Deutschstämmige anderer Nationen („Volksdeutsche") rekrutiert wurden und später wegen Mangels an wehrfähigen „arischen" Männern zunehmend auch Angehörige anderer Völker und Nationen aufgenommen wurden. So dienten im letzten Kriegsjahr etwa 70.000 Rumänen und 120.000 Ungarn in der Waffen-SS. Diese sollte nach dem Willen der NS-Führung eine maßgebliche Rolle beim zukünftigen Aufbau eines „groß-germanischen Imperiums" spielen. Der beständige Wandlungsprozess der Waffen-SS erschwert ihre historische Einordnung. Diese schwankt zwischen der Einstufung als verbrecherische Organisation durch das Internationale Militärtribunal in Nürnberg einerseits und vielfältigen Rechtfertigungs- und Heldenerzählungen in der populären Erinnerungskultur des Nachkriegsdeutschlands andererseits.

Die Waffen-SS wurde, speziell hierfür geschult, bevorzugt an militärischen Brennpunkten eingesetzt und anschließend vergleichsweise schnell auch wieder abgezogen. Sie hatte im Vergleich zum Heer insbesondere in den ersten Kriegsjahren weniger Verluste an Menschen und Material aufzuweisen, zeichnete sich andererseits aber durch einen rücksichtslosen Kampfstil aus. Hinzu kam, dass Kommandeure vielfach nicht davor zurückschreckten, die eigenen Männer gefährlichen oder sogar aussichtslosen Situationen auszusetzen. Seit 1944 hatte die Waffen-SS den vorzugsweisen Zugriff auf neu wehrpflichtig gewordene Jahrgänge. In Bezug auf Ausrüstung und Nachschub wurde sie gegenüber den regulären Streitkräften des Heeres zwar nicht generell bevorzugt, wohl aber galt dies für ihre drei Elitedivisionen, darunter an erster Stelle die „Leibstandarte Adolf Hitler LSSAH". Bei Kriegsende kamen die verbliebenen SS-Truppen zu großen Teilen in den Gewahrsam der Westmächte, insbesondere der USA. Teilweise ergaben sie sich freiwillig der US-Armee, da sie sich hier eine bessere Behandlung erhofften. Besonders gefürchtet war hingegen die sowjetische Kriegsgefangenschaft, in die im Vergleich überproportional mehr Wehrmachtsangehörige gerieten.

Abb. 5: Friedrich Christ, 20 Jahre alt, auf Heimaturlaub,
im Garten des elterlichen Hauses, 1940

Friedrich Christ wurde also durch die Überführung der gesamten Verfügungstruppe ab April 1940 Mitglied der Waffen-SS, zunächst als Infanterist. Am Überfall auf Polen nahm er als Führer eines Panzerspähzuges teil. Danach war er als Angehöriger des SS-Regiments „Deutschland" in Südholland, Belgien, Italien und Frankreich eingesetzt. Nach dem Waffenstillstand mit Frankreich im Juni 1940 blieb sein Regiment zunächst bis März 1941 für den Besatzungsdienst und für „Säuberungen" im besetzten Teil Frankreichs. Über die Beteiligung Christs sind allerdings keine Einzelheiten bekannt. Am „Balkanfeldzug" seines Regiments im April 1941 war er wegen des Besuchs der Kriegsschule Tölz wahrscheinlich nicht beteiligt. Er wurde im Frühjahr 1941 mit dem Eisernen Kreuz Erster und Zweiter Klasse geehrt, später kam das Panzerkampfabzeichen in Bronze hinzu. Wofür er diese Auszeichnungen erhielt, konnte nicht festgestellt werden.

Vom 2. September 1940 bis 10. April 1941 besuchte Friedrich Christ die SS-Junkerschule Tölz (5. Kriegslehrgang, Kurz-Lehrgang, d.h. kriegsbedingt von neun auf gut sieben Monate gekürzt). Es handelte sich hierbei um eine Militärakademie der Waffen-SS, letztlich also der NSDAP, die in gleicher Weise sowohl der militärischen Ausbildung als auch der politischen und sozialen Erziehung des SS-Offiziersnachwuchses dienen sollte. Für die Teilnahme wurde man von seinem Vorgesetzten vorgeschlagen oder genauer gesagt abkommandiert. Die Teilnehmer wurden, der NS-Ideologie entsprechend, als Junker bezeichnet; es gab verschiedene Rangstufen. Friedrich Christ war bei der Aufnahme SS-Junker und bei der Entlassung SS-Standartenoberjunker. Vor dem Eintritt (zumindest zu jener Zeit, die Bestimmungen wurden immer wieder geändert und zunehmend herabgestuft) musste der Offiziersanwärter mindestens sechs Monate in der SS gedient und sich militärisch und ideologisch bewährt haben, er sollte außerdem mindestens 170 cm groß und kein Brillenträger sein. Eine bestimmte formale oder schulische Vorbildung wurde hingegen nicht erwartet. Entsprechend unterschiedlich waren die soziale Herkunft und das Bildungsniveau der Teilnehmer. Dies war durchaus gewollt, VT und SS wollten sich vom regulären Militär abgrenzen, welches auch noch während des Krieges in der preußischen Tradition stand und seinen Offiziersnachwuchs bevorzugt aus dem Adel oder dem höheren Bürgertum rekrutierte. Bei der VT waren nur fünf Prozent der Offiziersanwärter Söhne von Offizieren, bei der Reichswehr waren es beinahe die Hälfte. Insoweit war Christ nach sozialer Herkunft und Vorbildung ein typischer Angehöriger des mittleren und unteren Führercorps der SS.

Abb. 6: Junkerschule Tölz, ca. 1942

Die Ausbildung in den Junkerschulen wird als körperlich hart und, was den Lernstoff anbetraf, relativ anspruchsvoll beschrieben, insbesondere unter Berücksichtigung der geringen Ausgangsqualifikation der Teilnehmer (etwa die Hälfte ohne Abitur) und der Kürze der Ausbildung von weniger als einem Jahr. Die Kriegslehrgänge wurden der Not gehorchend noch weiter verkürzt. Beim Heer dauerte die Ausbildung zu vergleichbaren militärischen Rängen mehrere Jahre und war sehr viel fundierter. Eigens für die Junkerschulen und die der SS zugedachten Aufgaben hatte einer der wenigen Berufsmilitärs der Waffen-SS, Felix Steiner, eine neue Kampfstrategie ausgearbeitet. Steiner war ein ehemaliger Panzer-Kompanieführer, der sich als Militärtechniker verstand, nicht als Ideologe. Er stützte sich auf seine Erfahrungen an der Westfront im Ersten Weltkrieg und zog Lehren aus den damaligen ineffizienten und verlustreichen Stellungskriegen. Als neue militärische Strategie betrachtete er den Einsatz elastischer Stoßtrupps. Es handelte sich um Kleinstverbände aus eigenständig operierenden Einzelkämpfern, beweglich, schnell, für den Nahkampf bestimmt. Entsprechend wurde an dafür geeigneten Waffen geschult, und statt der üblichen Ausrüstung wurden z. B. Maschinengewehre, Handgranaten und Pioniersprengmittel eingesetzt. Leistungssport und Geländekunde wurden besonders betont. Das Ziel bestand darin, „Militärathleten" heranzubilden. Unterschiede zwischen Mannschaften und Offizieren sollten hierbei nivelliert und die Kameradschaft gefördert werden.

Die Junker, also die SS-Offiziersanwärter, hatten zunächst eine Aufnahmeprüfung abzulegen. Geprüft wurden im schriftlichen Teil Allgemeinwissen, Grundrechenarten und militärische Kenntnisse, außerdem war eine Entschlussaufgabe in Aufsatzform zu lösen. Praktisch und mündlich geprüft wurden das Auftreten vor der Front, die Kommandosprache, die Führung von Gruppen im Gefecht und die Befehlssprache. Nach etwa sechs Wochen folgte eine Zwischenprüfung. Diese bestand etwa ein Drittel der Teilnehmer nicht. Die Gründe für eine Entlassung aus der Schule waren unterschiedlich. Dazu gehörten beispielsweise mangelnde intellektuelle Leistungsfähigkeit, mangelnde Einsatzfreude und fehlende soldatische Haltung, nur selten mangelnde gesundheitliche Eignung oder schlechte körperliche Leistungsfähigkeit. Die Durchfallquote bei der Abschlussprüfung war dann nur noch gering. Die fachliche und charakterliche Bewertung der einzelnen Junker erfolgte durch die Fachlehrer und die jeweiligen

Abb. 7: Portrait Friedrich Christ in Uniform, 22 Jahre alt, 1942

Lehrgangskommandanten. Das letzte Wort hatte der Kommandant der Schule. Die Bewertung erfolgte nach einem Punktesystem, ergänzt durch frei formulierte Beurteilungen zu folgenden Themen: allgemeines Urteil über Charakter und Persönlichkeit, Auftreten vor der Front, Kommandosprache, Leistungen und Verhalten als Führer, dienstliche Kenntnisse, geistige Veranlagung, körperliche Leistungsfähigkeit, außerdienstliches Verhalten. Bei Durchsicht einer größeren Anzahl von Beurteilungen wird deutlich, dass die Ausbilder bemüht waren, auch fachlich mäßige Kandidaten zu fördern und auf der Schule zu behalten, soweit sie als charakterlich „anständig" galten, eine „gute soldatische Haltung" zeigten und als lernwillig angesehen wurden. Schwache Kandidaten konnten zur Wiederholung vorgeschlagen werden. In seltenen Fällen wurde bei mangelnder Eignung für den Kampfeinsatz an der Front eine andere Verwendung vorgeschlagen, die zum Persönlichkeitsprofil des Kandidaten besser passte, zum Beispiel als Funker oder im Sanitätsdienst.

Die ideologische Schulung nahm in den Junkerschulen einen großen Raum ein. Sie beanspruchte etwa zwanzig Prozent der Unterrichtszeit in Form spezieller Lektionen, darüber hinaus war sie ein fächerübergreifendes Prinzip des gesamten Lehrstoffs. Die speziellen Lektionen unter dem Oberbegriff „Weltanschauung" umfassten folgende Einheiten: Blut und Boden, Judentum, Freimaurerei und Bolschewismus, Geschichte des deutschen Volkes, Jahresablauf und Brauchtum, Totenehrung. Hitlers Buch „Mein Kampf" diente als Lehrmaterial. Das Fach „Weltanschauung" wurde zusammen mit dem Fach „Taktik" im Abschlusszeugnis am höchsten bewertet. Auch andere Fächer, wie „Heeres- und Parteikunde" (in dieser Kombination!), waren stark ideologisch geprägt. Der SS-Mann wurde durch die Schule in seiner Persönlichkeit im Sinne der NS-Ideologie geformt, er wurde nicht nur ausgebildet, sondern erzogen. Eine große Rolle spielten dabei absoluter Gehorsam und „Härte", gemeint als körperliche Abhärtung und seelische Verhärtung, beides Voraussetzungen für den propagierten rücksichtslosen Kampfstil. Dazu der Militärhistoriker Jens Westemeier (2014):

> „In der Ausbildung artete dies in Missachtung der Menschenwürde und Demütigung aus, an der Front in das Verheizen der eigenen Leute und in eine grausame Behandlung des Gegners."

Durch so verstandene Härte sollten beim Gegner Panik und Terror verbreitet und damit aller Widerstand, militärischer wie ziviler, gebrochen werden. Die offizielle SS-Ideologie bezog sich hierbei explizit auf den als grausam und skrupellos überlieferten mongolischen Eroberer aus dem 13. Jahrhundert Dschingis Khan. Die Junker nahmen in geschlossener Formation an Parteitagen und anderen Großereignissen der NSDAP teil und dienten hier der Repräsentation sowie der Demonstration von Macht und Gewalt. Nach erfolgreicher Ausbildung wurden die Absolventen in die entsendende SS-Einheit zurückgeschickt und dort in aller Regel umgehend befördert.

Erhalten geblieben sind zwei Zeugnisse Christs aus der Junkerschule, ein Zwischenzeugnis vom 19. Dezember 1940 und das Abgangszeugnis vom 20. März 1941. Es wurden jeweils zwölf Fächer bewertet: weltanschauliche Schulung, Taktik, Geländekunde, Partei- und Heerwesen, Waffenlehre, Pionierwesen, Kartenkunde, Nachrichtenwesen, Kraftfahrwesen, Flugwesen, allg. Truppendienst und Inf.-Gefechtswesen, Sport. Christ erreichte im Zwischenzeugnis eine Gesamtpunktzahl von 195 Punkten. Die maximal mögliche Punktzahl ist leider nicht verzeichnet, aber bei 200 Punkten oder weniger war der Verbleib auf der Schule eventuell bereits gefährdet. Die Leistungen von Christ wurden jedoch als „genügend" bezeichnet. Damit konnte er weiter am Lehrgang teilnehmen. In einer frei formulierten Bewertung wird Christ als

„fleißig, ehrbewusst und guter Kamerad" beschrieben. Bis zum Abschlusszeugnis hatte er sich auf 211 Punkte verbessert, wobei die Leistungssteigerungen die Fächer „Weltanschauung", „Partei- und Heerwesen" sowie „Kartenkunde" betrafen. Die frei formulierte Beurteilung liest sich wie folgt (siehe Dokumentenanhang):

> „Von ansprechendem Äußeren, gute soldatische Haltung, im Umgang mit Vorgesetzten bescheiden und zurückhaltend, verantwortungsfreudig, anständig, zielstrebig, geistig etwas unbeweglich, Wissensmängel werden durch Fleiß, Wille und Härte ausgeglichen. Einsichtig, zuverlässig, läßt sich gut leiten."

Insgesamt scheint es sich um phrasenhafte Standardbeurteilungen zu handeln, die sicherlich nicht mehr als durchschnittliche Leistungen, aber Anstrengungsbereitschaft, ideologische Zuverlässigkeit und guten Willen bescheinigen.

Nach der Offiziersausbildung wurde Christ ab dem 20. April 1941 als Untersturmführer (Leutnant) einer Kradschützenkompanie eingesetzt. Seine militärische Herkunftseinheit, die SS-Verfügungsdivision, wurde im Zuge der kriegsbedingten ständigen Erweiterungen und Umformungen mehrfach umbenannt. Ab 1942 entstanden daraus die SS-Divisionen „Leibstandarte Adolf Hitler (LSSAH)", „Das Reich" und „Totenkopf". Die spätere 1. SS-Panzerdivision LSSAH war bis 1942 ein motorisiertes Infanterieregiment und gehörte zur Division „Das Reich". Erst später wurde die LSSAH eine eigenständige Division. Diese militärische Einheit war aus der Leibwache Hitlers der Vorkriegszeit hervorgegangen und erreichte zu Kriegszeiten eine Stärke von etwa 10.000 bis maximal 20.000 Mann. Sie beanspruchte für sich einen absoluten Elitestatus, sie sah sich sowohl als militärische als auch als rassische Auslese.

Christ war von Februar 1940 bis März 1943 Angehöriger der Division „Das Reich" und in einer Panzeraufklärungsabteilung eingesetzt. Ab dann bis Kriegsende gehörte er zur Division LSSAH und diente überwiegend als Kompanieführer einer Panzereinheit. Anders als die zahlreichen Umformungen und Namenswechsel der SS-Verbände vermuten lassen, gehörte er wohl immer zur gleichen Stammeinheit, welche auf die Verfügungstruppe der Vorkriegszeit zurückging.

Im Jahre 1942 war Friedrich Christ in der Sowjetunion als Führer eines Panzerspähzuges eingesetzt. Der Überfall auf die UdSSR war nach längerer Vorbereitung am 22. Juni 1941 begonnen worden. Die deutschen Truppen, hierunter auch die SS-Division „Das Reich", kämpften sich rasch bis weit nach Osten vor und erreichten im Oktober 1941 die Gegend vor Moskau, welches sie aber nicht erobern konnten. Der sogenannte „Russlandfeldzug" wurde auf dem Hintergrund der rassistischen NS-Ideologie mit besonderer Brutalität geführt. Die Slawen galten als Untermenschen, die zu vernichten oder zu versklaven waren. Dieser rücksichtslose, durch keine internationalen Konventionen, geschweige denn moralischen Bedenken gehemmte Kampfstil hat sich in der Endphase des Krieges mehr und mehr auch an den anderen Fronten ausgebreitet und zur weiteren Verrohung des Kampfgeschehens beigetragen.

Im Verlauf des Jahres 1942 stabilisierte sich die Ostfront im mittleren Teil der europäischen Sowjetunion etwa in Nord-Süd-Richtung auf einer Linie zwischen finnischem Meerbusen und Schwarzem Meer, die SS-Truppen wurden nach Frankreich zum Besatzungsdienst und zur Auffrischung abgezogen. Wo Christ zu dieser Zeit eingesetzt war, ist nicht bekannt. Sicher ist, dass ab Jahresbeginn 1943 wieder alle drei SS-Divisionen, so auch Christ, an der Ostfront kämpften, wo sich die Lage inzwischen entscheidend verschlechtert hatte. Im Februar 1943 wurde erbittert um die Großstadt Charkow gekämpft, wobei die Division „Das Reich" in aussichtsloser Lage von ihrem Kommandanten (entgegen einem Führerbefehl) zurückgezogen wurde, sodass die Stadt zunächst verloren ging. Friedrich Christ wurde im Februar 1943 an der Ostfront als Angehöriger dieser Division an beiden Beinen durch Granatsplitter verwundet und verbrachte daraufhin mehrere Wochen in verschiedenen Reservelazaretten. Danach war er kurz in einem Ersatzbataillon auf dem bayerischen Truppenübungsplatz Wildflecken eingesetzt. Am 20. März 1943 wurde er der Panzerabteilung der LSSAH zugeteilt. Wahrscheinlich diente er jetzt wieder an der Front. Im März wurde Charkow von den drei SS-Divisionen zurückerobert. Dies gilt mancherorts als militärische Großtat, sie konnte allerdings das Geschehen an der Ostfront nicht entscheidend zugunsten Deutschlands ändern. Im Juli 1943 waren alle drei SS-Divisionen an der verlorenen Schlacht um Kursk (ebenfalls eine Stadt in Mittelrussland) beteiligt, die endgültig die Wende an der Ostfront zuungunsten Deutschlands herbeiführte. Ob Christ, ab Ende März nach seiner Verletzung wohl wieder verwendungsfähig, an der Wiedereroberung von Charkow und an der Schlacht von Kursk teilnahm, ist nicht bekannt.

Im Juli 1943 wurde die LSSAH nach der Landung der Alliierten in Sizilien nach Italien verlegt, die übrigen SS-Verbände blieben an der Ostfront. Im September 1943 verübte eine Kampfgruppe der LSSAH bei Boves in Norditalien ein Kriegsverbrechen, bei welchem Soldaten der SS im Zuge einer Racheaktion ein Ortszentrum in Brand setzten und mindestens 23 Zivilisten töteten. Führer dieser Kampfgruppe war Joachim Peiper, der später bei Kriegsverbrechen während der Ardennenoffensive eine wichtige Rolle spielte. Wo genau Christ während dieses Italienfeldzugs eingesetzt war, konnte nicht in Erfahrung gebracht werden.

Im November 1943 wurde Christ zum Obersturmführer (Oberleutnant) befördert. In der dienstlichen Beurteilung wird er charakterlich als „gut" eingestuft, seine dienstlichen Leistungen als „durchschnittlich". In der Zeit vom 22. November bis 18. Dezember 1943 nahm er an einem Cheflehrgang an der Kompanief>hrerschule der Panzertruppen in Versailles in Frankreich teil. Auch hiervon ist das Zeugnis erhalten. Die Gesamtbeurteilung liest sich wie folgt (siehe Dokumentenanhang):

„Bei guten Anlagen und gutem taktischen Verständnis, fehlt Ch. jedoch Erfahrung und Überblick, um zu raschen und richtigen Lagebeurteilungen und Entschlüssen zu kommen. [...] Erst nach weiterer Zugführerzeit [...] zum Kp-Fhr. [Kompanieführer] geeignet".

Christ war in der Folgezeit als Angehöriger der SS-Division LSSAH in der Normandie in Frankreich eingesetzt. Am 18. Juli 1944 wurde er verletzt, wobei es sich wahrscheinlich um einen Kraftfahrzeugunfall handelte. Etwa Anfang September kam er als Kompanieführer (Sollstärke ca. achtzig bis dreihundert Mann) zum 1. SS-Panzerregiment (Sollstärke 2.000 bis 3.000 Soldaten) unter dem Kommando von SS-Obersturmbannführer (Oberstleutnant) Joachim Peiper und übernahm die Reste der 1. Panzer-Kompanie, die zuvor in Kämpfen mit den Westalliierten (Kesselschlacht von Falaise, August 1944) schwere Verluste erlitten hatte. Die Soll-Truppenstärken der verschiedenen Verbände ließen sich im Krieg zunehmend weniger aufrechterhalten, auch litten die einzelnen Truppenverbände zunehmend unter Treibstoff- und Materialmangel. Zeitweise konnten Funker wegen Mangels an Batterien nicht mehr geschult werden, und schweres Kriegsgerät musste wegen Benzinmangels beim Rückzug aufgegeben werden.

Im Spätherbst und Winter 1944 nahm Friedrich Christ als Führer einer Panzeraufklärungseinheit an der Ardennenoffensive teil. Benannt wurde diese nach einem Mittelgebirgszug in Ostbelgien nahe der Grenze zu Deutschland. Das Ziel dieser militärischen Großunternehmung war die Wiedereroberung der belgischen Hafenstadt Antwerpen, die bereits von alliierten Truppen zurückerobert worden war. Hiervon soll Hitler sich versprochen haben, doch noch eine Wende in dem fast schon verlorenen Krieg herbeiführen zu können. Die Offensive war nicht erfolgreich und endete im Januar 1945 mit dem Rückzug der deutschen Truppen auf deutsches Gebiet.

Die militärische Formation, zu der Christ bei dieser Offensive gehörte, war ein etwa 1.500 Mann starker Verband, benannt nach ihrem Kommandanten Joachim Peiper. Sie war im Herbst 1944 im Münsterland und in der Gegend von Lübbecke/Ostwestfalen zusammengestellt worden. Eine derartige „Einsatzgruppe" war ein für bestimmte militärische Operationen ad hoc zusammengesetzter Verband aus verschiedenen Truppengattungen wie Infanterie, Artillerie, Panzer- und Aufklärungstruppen oder Pioniereinheiten. Die Einsatzgruppe Peiper konnte im Rahmen der Ardennenoffensive zwar ab dem 16. Dezember 1944 auftragsgemäß in feindliches Gebiet vordringen, jedoch die als Etappenziel angestrebte Besetzung strategisch wichtiger Maas-Brücken nicht erreichen. Sie scheiterte bereits weit vorher an Brücken von Maas-Nebenflüssen (Salm und Amblève). Sie erlitt hohe Verluste und trat in militärisch aussichtsloser Lage, eingekesselt von alliierten und belgischen Truppen in dem Ardennenörtchen La Gleize, am 25. Dezember 1944 den Rückzug an. Zu diesem Zeitpunkt bestand sie noch aus etwa achthundert Mann, von denen nur 770 unter Zurücklassung sämtlichen Materials einen Tag später zu Fuß die deutsche Frontlinie in Luxemburg erreichten.

Nach der Ardennenoffensive wurde das 1. SS-Panzerregiment Ende Januar 1945 nach Osten verlagert, es sollte Budapest gegen die anrückende sowjetische Armee verteidigen. Als Panzerführer hat Christ an diesem Feldzug nicht mehr teilgenommen. Er wurde nach der Ardennenoffensive auf Betreiben seines unmittelbaren Vorgesetzten (Poetschke) wegen einer Befehlsverweigerung (hierzu siehe später) versetzt. Christ war aber in anderer Funktion am Einsatz in Ungarn beteiligt, nämlich als Angehöriger der Stabskompanie der 6. Panzerarmee. Eine Stabskompanie war nicht direkt im Kampf eingesetzt, sondern mit logistischen und planerischen sowie mit Führungs- und Sicherheitsaufgaben befasst.

Gegen Kriegsende ab Anfang April 1945 befanden sich die Reste des auf etwa ein Zehntel seiner Ausgangsstärke dezimierten 1. SS-Panzerregiments in Oberösterreich auf dem Rückzug nach Westen. Es zählte nur noch etwa 1.500 Überlebende. Diese ergaben sich den Amerikanern am 9. Mai 1945, also einen Tag nach Kriegsende. Christ wurde an diesem Tag bei Steyr in Oberösterreich von US-Truppen in Gewahrsam genommen, knapp östlich der wenige Tage später festgelegten Demarkationslinie zwischen sowjetischer und amerikanischer Besatzungszone Österreichs. Er wurde zunächst in Camp Ternberg interniert, einem zur Gefangenensammelstelle umfunktionierten Nebenlager des aufgelösten Konzentrationslagers Mauthausen.

Friedrich Christ wurde im Krieg mehrmals verwundet, insgesamt siebenmal laut seinen eigenen Angaben während der Gefängniszeit. Während seiner Haft- und Bewährungszeit erwähnt er, wie es den Anschein hat auch jetzt noch mit Stolz, den Erhalt von Belobigungen für militärische Leistungen wie das Goldene Verwundetenabzeichen, das Panzerkampfabzeichen in Silber und das Eiserne Kreuz erster und zweiter Klasse. 1939 erlitt er während des Polenfeldzugs Granatsplitterverletzungen an den Beinen und Armen. Die Unterlagen der WASt verzeichnen ohne Datumsangaben einen Lazarettaufenthalt in Nordwest-Russland (Malaja-Woltschina) wegen Splitterverletzungen in beiden Oberschenkeln. Für den 6. Februar 1943 ist eine Splitterverletzung an beiden Beinen und am rechten Unterarm dokumentiert. Es erfolgte zunächst eine Versorgung im Kriegslazarett 4/609 in Gomel bei Minsk (heute Weißrussland), danach sind Aufenthalte im Reservelazarett Sokolow in Warschau und im Reservelazarett X in Breslau wegen derselben Verletzungen verzeichnet. Schwerwiegende Dauerschäden sind ausweislich späterer Krankenakten nicht zurückgeblieben. Im November 1943 ist eine Behandlung im Reservelazarett Schönebeck an der Elbe wegen eines Mittelfußbruchs dokumentiert. Wegen derselben Verletzung erfolgte ein weiterer Lazarettaufenthalt von Dezember 1943 bis zum 12. Januar 1944 in Breslau. Am 26. Januar 1944 erlitt Christ einen Weichteildurchschuss am rechten Oberschenkel und einen Durchschuss des rechten Kniegelenks. Deswegen wurde er bis Anfang Februar 1944 im Reservelazarett Lemberg behandelt, danach vom 8. Februar 1944 an für unbekannte Dauer im Reservelazarett Wernigerode. Hiermit enden die Eintragungen in den Unterlagen der WASt.

Weitere Verletzungen mit Brustkorbquetschung, Wirbelsäulenprellung, Gehirnerschütterung und Gehörschädigung sind für Juli 1944 in den noch auffindbaren Teilen der Personalakte verzeichnet, mit Lazarettaufenthalt und Versetzung von der kämpfenden Truppe in eine Reserveeinheit. Auch für den 19. Dezember 1944, dies war während der Ardennenoffensive zwei Tage nach dem so bezeichneten Massaker von Malmedy (siehe weiter unten), wurde Christ am 12. Januar 1945 als „Verlust" wegen Verwundung gemeldet, wobei diesbezüglich aber Zweifel angebracht sind, da Christ nachweislich noch weiter am Kampfgeschehen teilgenommen hatte.

Während der ersten Kriegszeit besuchte Friedrich Christ regelmäßig seine elterliche Familie in Freising. Private Bilder aus dieser Zeit zeigen einen tadellos gekleideten jungen Mann, der vor der Kamera zu posieren scheint und zufrieden wirkt. Im Sommer 1943 verbrachte er einen Front- oder Genesungsurlaub in Deutschland und wurde im April 1944 Vater eines Sohnes, zu dessen Mutter nur eine sehr kurze Urlaubsbeziehung bestanden hatte. Im April und Mai 1944 wurde er zur Teilnahme an der Hochzeit seiner Schwester beurlaubt. Er nutzte diese Gelegenheit zur notariellen Anerkennung seiner Vaterschaft (Urkunde vom

25.4.1944, München). Als Vormund des Kindes gab er den Verein Lebensborn e.V. an. Ob er bei dieser Gelegenheit sein Kind und dessen Mutter besuchte, ist nicht bekannt.

Der Lebensborn war formal ein eingetragener Verein, in Wirklichkeit jedoch eine Unterorganisation der SS, die laut Satzung von 1938 „den Kinderreichtum der SS unterstützen, jede Mutter guten Blutes schützen und […] für Kinder guten Blutes sorgen" sollte. Alle SS-Offiziere ab dem Rang eines Untersturmführers waren Zwangsmitglieder des Lebensborn und hatten eine Zwangsabgabe zu leisten. Die Idee des Vereins beruhte auf der nationalsozialistischen Ideologie der Überlegenheit der sogenannten nordischen oder arischen Rasse. Die SS sollte die Elite des „Herrenvolkes" sein und die „erbgesundheitlich wertvolle Sippe deutscher, nordisch bestimmter Art" erhalten und vermehren (zitiert nach Kammer und Bartsch 2002). De facto funktionierten die Lebensbornheime als Entbindungsheime für verheiratete wie auch besonders für ledige Mütter und als Säuglings- und Kinderheime für diejenigen der dort geborenen Kinder, die von ihren Müttern bei deren Entlassung nicht mitgenommen wurden. Auch Christ und die Mutter seines Kindes überließen ihren Sohn der SS, ob notgedrungen, mit Bedauern oder vielleicht sogar gerne und mit Stolz, ist nicht bekannt. Das Kind blieb nach seiner Geburt zunächst im Lebensborn-Entbindungsheim und kam später in ein Lebensborn-Kinderheim. Christ nutzte also, wie bei seiner beruflichen Karriere so auch im Umgang mit seiner unehelichen Vaterschaft, die Möglichkeiten, die die Zeit und die SS ihm boten. Zumindest profitierte er von diesen Möglichkeiten. Die unverheiratete Mutter konnte so die Schwangerschaft am Wohnort geheim halten, diskret entbinden und war durch den Verbleib des Kindes im Heim von der Bürde der unehelichen Mutterschaft befreit, zumindest vermeintlich.

Christ war wie die meisten Soldaten im Krieg an zahlreichen verschiedenen Orten eingesetzt. Speziell hierfür war er als

SS-Mann und Angehöriger einer Eliteeinheit ausgebildet. Seine jeweiligen Einheiten wurden im Laufe des Kriegsgeschehens mehrmals durch halb Europa geschickt, speziell die LSSAH diente als eine Art Feuerwehrtruppe. Christ wurde mehrmals versetzt, im Rahmen seines militärischen Aufstiegs, aber auch mindestens zweimal als Folge von Verwundungen. Insgesamt diente er in mindestens acht verschiedenen Einheiten der Waffen-SS. Als Mitglied sonstiger SS-Formationen, z. B. des Sicherheitsdienstes oder der Totenkopfverbände, ist er trotz des bei der SS häufigen Personalwechsels nicht nachgewiesen.

Falls Christ überhaupt in dieser Zeit ein Zuhause hatte, war es dann wohl der Männerorden der Waffen-SS. Die dort gepflegte Kameradschaft, das Zueinanderhalten und Füreinandereinstehen vermittelte Geborgenheit und half dabei, schwierige Situationen auszuhalten. Die Kameradschaft wirkte stabilisierend auf die Kampfbereitschaft und die Moral der Männer. Dafür machte man sich gegenseitige Zugeständnisse, allerdings nur solange die gemeinsamen Ziele und der grundsätzliche Zusammenhalt nicht infrage gestellt wurden. Die so verstandene Kameradschaft milderte die nach außen geforderte und gezeigte Härte ab. Ihre menschliche Seite machte den unmenschlichen Krieg moralisch und emotional ertragbarer.

Allerdings hatte der Begriff der Kameradschaft auch eine unmenschliche Seite, die beim Blick auf die NS-Ideologie verständlich wird. Allgemein spielten die Begriffe Treue, Ehre und Kameradschaft in der Waffen-SS eine besondere Rolle. SS-Reichsführer Himmler hat sich wiederholt, ausführlich und unmissverständlich hierzu geäußert. Danach bezogen sich diese Begriffe, ganz im Sinne der NS-Ideologie, ausschließlich auf ein nach rassistischen Kriterien zusammengesetztes Kollektiv („Angehörige unseres eigenen Blutes"). Gegenüber anderen Gruppen war die Beachtung dieser Grundsätze nicht nur unnötig, sondern den

Zielen des NS-Regimes sogar abträglich und insoweit „unmoralisch". In diesem Sinne wurde es geradezu als Inbegriff von Treue und Ehre hingestellt, Angehörige der als „minderwertig" begriffenen Gruppen zu versklaven und zu vernichten. So verstanden diente Kameradschaft als „psychologische Abfederung und soziale Klammer" für NS-typische Verbrechen, insbesondere die Mordaktionen (Schulte 2014).

Voruntersuchungen

Die juristische Aufarbeitung und Ahndung der NS-Verbrechen war schon lange vor Kriegsende ein erklärtes Ziel der Amerikaner, die im Dezember 1941 in den Krieg eingetreten waren. Zu diesem Zweck hatten sie schon 1944 angefangen, die hierfür notwendigen Strukturen zu schaffen. Es wurde eine militärische Aufklärungseinheit zusammengestellt, deren Angehörige in einer eigens hierfür gegründeten Schule gründlich auf ihre späteren Aufgaben vorbereitet wurden. Insbesondere wurden hier psychologische Verhörtechniken gelehrt, mit welchen die Gefangenen zum freiwilligen Reden gebracht werden sollten. Den Spezialermittlern wurden ebenfalls eingehende Kenntnisse über die NS-Ideologie, das Konzentrationslagerwesen, den Aufbau des deutschen Militärapparates und die SS vermittelt. Nach Verhören deutscher Gefangener in England und in Frankreich im letzten Kriegsjahr wurden die Methoden verfeinert. Bevorzugt wurden Deutsch sprechende Personen in diese Aufklärungseinheit aufgenommen.

Nach der bedingungslosen Kapitulation Deutschlands am 8. Mai 1945 nahmen die Amerikaner überlebende deutsche Soldaten, also auch Friedrich Christ, mit aus Österreich zurück nach Deutschland, übergaben sie also nicht den nachrückenden sowjetischen Besatzungstruppen. Sie hatten bereits *vor* dem offiziellen

Kriegsende angefangen, Angehörige des 1. SS-Panzerregiments der LSSAH wegen der Beteiligung an einem Kriegsverbrechen an amerikanischen Gefangenen vom Dezember 1944 aktiv zu suchen. Es handelte sich um das unter diesem Namen bekanntgewordene „Massaker von Malmedy". Die zunächst etwa 1.000 Verdächtigen wurden in Sammellagern in Ebensee (bis kurz vor Kriegsende Außenlager des ehemaligen Konzentrationslagers Mauthausen in Oberösterreich), Kornwestheim, Zuffenhausen bei Ludwigsburg und an anderen Orten zusammengeführt und dort befragt. Die Ergebnisse waren für die Untersucher enttäuschend, da ohne besondere Aussagekraft. Die Gefangenen schwiegen oder machten offenkundig abgestimmte Angaben. Die Befehlsstrukturen innerhalb der Gruppe der ehemaligen LSSAH-Angehörigen sollen durchaus noch intakt gewesen sein.

Im Vorfeld des Prozesses, und zwar noch *vor* seiner Verbringung nach Schwäbisch Hall und damit *vor* den dortigen umstrittenen Ereignissen, wurde Christ bei einem Verhör im amerikanischen Hauptquartier in Wiesbaden auch zu allgemeinen Gepflogenheiten der SS im Umgang mit Gefangenen ausführlich befragt (Parker 2012). Im Protokoll heißt es dazu wie folgt (Übersetzung aus dem Amerikanischen durch die Autorin):

„Ich habe sechs Jahre an der Front gedient. In sehr vielen Situationen konnte es durchaus möglich sein, dass ein Soldat, ein Unteroffizier und ein Offizier dazu kamen [could be led to do], so etwas zu tun [d.h. Gefangene zu erschießen], wenn ein sehr bedeutsames Ziel von diesen Faktoren [Geschwindigkeit und Überraschung] abhing." Die Rückfrage des amerikanischen Offiziers lautete: „Mit anderen Worten sagen Sie also, wenn Sie also das Überraschungsmoment bewahren wollten und wenn Sie ihr gesamtes Personal für den Vormarsch brauchten, dann könnte der Mord von Gefangenen gerechtfertigt sein?" Und die überlieferte Antwort Christs: „Das ist durchaus möglich".

Genau dies war es, was in den Kriegsschulen der SS gelehrt wurde und was die Vernehmungsoffiziere als Antwort erwarteten.

Die etwa fünfhundert stärker Belasteten unter den mehr als tausend verdachtsweise Internierten wurden dann als Gefangene in ein amerikanisches Untersuchungsgefängnis in Schwäbisch Hall überführt, dort voneinander streng isoliert und von einem verstärkten Untersuchungsteam mit intensivierten Methoden verhört. Insbesondere wurde der „psychologische Zugang" (psychological approach) gewählt: Um die Gefangenen zum Reden zu bringen, wurde mit Listen und Tricks gearbeitet. Sie wurden mit Insiderwissen, tatsächlichem oder vorgetäuschtem, verblüfft und verunsichert. Andererseits wurde ihnen geschmeichelt, und sie bekamen Zigaretten angeboten. Ihnen wurde vorgespielt, dass ihre Mitangeklagten bereits gestanden hätten, oder es wurden ihnen gefälschte belastende Aussagen vorgelegt. Um die kollektive Abwehr zu durchbrechen, war es eine Strategie der Untersucher, zuerst die einfachen Soldaten zu Aussagen zu bewegen. Zu Recht gingen sie davon aus, dass deren Identifikation mit der SS und ihrer Ideologie eher gering war, zumal viele zwangsrekrutiert, erst seit kurzem bei der SS und noch sehr jung waren. Auch machten die Untersucher sich Kenntnisse der Sozialstruktur und der inoffiziellen Rangordnung unter den Gefangenen zunutze.

Die amerikanischen Untersuchungsoffiziere waren nach eigenen Aussagen (vor späteren Untersuchungskommissionen) von der Schuld der Gefangenen überzeugt, es ging ihnen darum, möglichst rasch Geständnisse zu erwirken. Dabei gingen sie mit rauen, Verunsicherung und Einschüchterung bezweckenden Methoden vor. Es gelang ihnen erst allmählich und mühsam, den Gruppenzusammenhalt unter den Gefangenen mit Absprachen über Aussagen im Verhör und/oder ihr beharrliches Schweigen aufzubrechen. Schließlich beschuldigten sich diese, durch die

Gefangenschaft und den verlorenen Krieg ohnehin schon stark demoralisiert, zum Teil gegenseitig. Dies galt im Ehrenkodex der SS als Verrat und konnte zum Ausschluss aus der Gemeinschaft führen. Insbesondere sagten lang gediente SS-Offiziere und neu rekrutierte SS-Mannschaften gegeneinander aus. Der Angeklagte Peiper spricht in einem (sehr viel späteren) Brief von „seelischem Nihilismus", ausgelöst durch den Verlust des Glaubens in die Wertbeständigkeit der Frontkameradschaft (zitiert nach Agte, 2008). Einmal in Gang gekommen, bewirkte dieser Vorgang, insbesondere vor dem Hintergrund des Selbstverständnisses der SS als „Orden" mit dem Motto „Meine Ehre heißt Treue", eine weitere Demoralisierung, sodass schließlich fast alle Angeklagten aussagten und angeblich vorgefertigte Geständnisse unterschrieben, die sie später allerdings widerriefen.

Friedrich Christ war nach Aufenthalten in den Internierungslagern Ternberg, Steyr, Ebensee (alle in Österreich), Dachau und Zuffenhausen am 7. Dezember 1945 in das Untersuchungsgefängnis Prison No. 2, Camp 78, in Schwäbisch Hall gebracht worden, wo er bis zum April 1946 verhört wurde. Einer der Untersuchungsoffiziere (Perl) hatte herausgefunden, dass er bei Männern seiner Truppe als wenig beliebt galt („Was hated by his own men"). Von den angeklagten Offizieren wurde er als Erster verhört („The first attack was centered on Christ"), nachdem ihn Untergebene des Schießbefehls bezichtigt hatten. Christ wurde als „weniger intelligent" (less intelligent) eingeschätzt und deswegen als besonders geeignetes Objekt für die Verunsicherungs- und Überrumpelungstaktik des „psychological approach" angesehen (Remy 2017). Bei einer späteren Gelegenheit (1949) fragte eine Untersuchungskommission, die sich speziell mit Vorwürfen von Misshandlungen durch die Untersucher beschäftigte, auch nach dem damaligen Alter Christs. Er war seinerzeit 25 Jahre alt. Diese Frage versteht sich wohl im Hinblick darauf, dass etliche der

Angeklagten unter 20 Jahre alt waren und schon aufgrund ihrer Jugend mutmaßlich leichte Opfer derartiger „psychologischer" Methoden. Deren Anwendung bei Minderjährigen hätte wohl als unfair oder gar ungesetzlich angesehen werden können. Interessant ist die Antwort des amerikanischen Ermittlers auf die Frage nach Christs Alter: „Aber Sie müssen wissen, Sir, dass jene Leute früher erwachsen werden als unsere Jungs, die mit 17 noch auf den Sportplätzen (playgrounds) sind und ein glückliches Leben führen. Jene Männer mussten von ihrer frühen Jugend an kämpfen" (Angaben von Perl in Hearings before a Subcommittee of the Comittee etc., Malmedy Massacre Investigation 1949).

Abb. 8: Friedrich Christ während der Voruntersuchungen
in Dachau, April 1946.

Christ unterschrieb am 17. Dezember 1945 eine eidesstattliche Erklärung, dass er seine Männer vor der Offensive instruiert habe, es sei ihre Aufgabe, Panik und Terror zu verbreiten, und dass keine Gefangenen gemacht werden sollten (Weingartner 1979, S. 77, Primärquelle National Archives R6-549, Case 6-24, Box 6). Dies wurde von den Amerikanern als Schuldeingeständnis gewertet. Aus der Sicht von Christ war es wohl eher ein Zeugnis regel- und befehlskonformen Verhaltens.

Prozess und Verurteilung

Angeklagt wurden im April 1946 schließlich 75 der auf diese Weise in Schwäbisch Hall Verhörten. Einer suizidierte sich vor Prozessbeginn, und ein weiterer wurde als französischer Staatsbürger während des Prozesses an die französische Besatzungsmacht übergeben, die ihn nach kurzer Überprüfung sehr bald freisprach und entließ. Bei 73 Männern kam es dann zu einem Militärgerichtsverfahren mit abschließender Verurteilung. Ab Mitte April 1946 wurden sie nach Dachau gebracht, wo das Verfahren stattfand, ebenso wie eine große Zahl weiterer Prozesse, die in ihrer Gesamtheit als Dachauer Prozesse bezeichnet werden.

Bei diesen handelt es sich um ein Konvolut von 489 Prozessen gegen insgesamt 1.672 Personen. Sie fanden in den Jahren 1945 bis 1948 im ehemaligen Konzentrationslager Dachau statt, welches weitgehend unzerstört war und genügend Platz für die Unterbringung der Angeklagten bot. Verhandelt wurden im Wesentlichen Konzentrationslagerverbrechen, aber auch Erschießungen abgestürzter amerikanischer Piloten und andere Kriegsverbrechen. Der Malmedy-Prozess war nur ein kleiner Ausschnitt dieser Szene. Insgesamt wurden in den Dachauer Prozessen 426 Todesurteile gefällt und 268 davon vollstreckt, sämtlich im War Criminal Prison (Kriegsverbrechergefängnis) Landsberg.

Christ wurde am 16. April 1946 von Schwäbisch Hall nach Dachau überführt. Dort kam er in das Prisoner of War Enclosure (PWE) 29, ein Internierungslager für Kriegsgefangene nach der Genfer Konvention. Hierbei handelte es sich um einen Teilbereich des ehemaligen Konzentrationslagers Dachau, in welchem, hauptsächlich im „SS-Compound" (früheres Trainingslager der SS-Totenkopfverbände), zwischen Juli 1945 und Juni 1946 bis zu 13.000 ehemalige SS- und NSDAP-Angehörige untergebracht waren. Diese außerordentlich große Zahl von Internierten war Folge des „automatic arrest", der 1945 von den Westalliierten verfügt worden war. Hierbei handelte es sich um die Verhaftung bestimmter, sehr weit gefasster Personengruppen ohne Einzelprüfung. Hierzu gehörten nicht nur Führer und Offiziere (para-)militärischer Organisationen wie Waffen-SS, Hitlerjugend, Reichsarbeitsdienst etc., sondern auch höhere Polizeibeamte, Landräte und Staatsbeamte ab dem Rang eines Ministerialrates, unabhängig von einer Zugehörigkeit zur NSDAP. Die präventive Verhaftung dieser Personengruppen sollte die mögliche Bildung von nationalsozialistischen Untergrundorganisationen verhindern und die Verfolgung von Straftätern befördern. In der deutschen Öffentlichkeit trug sie dazu bei, die alliierte, insbesondere amerikanische Besatzungs- und Entnazifizierungspolitik in Misskredit zu bringen.

Im April 1946 wurde der Kriegsgefangenenstatus der in Dachau internierten SS-Angehörigen durch die alliierten Besatzungsmächte aufgehoben und ihnen der Sonderstatus „suspected war criminal" zugeteilt. Die rechtliche Grundlage für diesen Schritt war die inzwischen durch das Nürnberger Militärtribunal erfolgte Einstufung der gesamten SS, also auch der Waffen-SS, als verbrecherische Organisation. Hierdurch verschlechterte sich die rechtliche Position der Inhaftierten. Die Beschuldigten galten bereits durch ihre Mitgliedschaft in der SS (soweit es sich um eine Vorkriegsmitgliedschaft oder, im Krieg, eine freiwillige Mitgliedschaft handelte, was beides für Friedrich Christ zutrifft) als schwer belastet. Eine Unschuldsvermutung galt für sie nicht.

Abb. 9: Friedrich Christ als Angeklagter Nr. 7
im Gerichtssaal in Dachau, 11. Juli 1946

Das erwähnte Ereignis, dessentwegen Christ und weitere Angehörige der 1. SS-Panzerdivision systematisch von den Amerikanern gesucht wurden, ist als „Massaker von Malmedy" oder „Massaker von Baugnez" (beides Ortschaften in Ostbelgien) oder „Crossroad Incident" (Zwischenfall an der Straßenkreuzung) bekannt. Die nackten Fakten sind unstrittig. Kurz zusammengefasst handelt es sich darum, dass im Verlauf der Ardennenoffensive am 17. Dezember 1944 bei einer Straßenkreuzung in der Nähe des belgischen Ortes Malmedy 73 amerikanische Soldaten, die sich bereits ergeben hatten, entwaffnet waren und geordnet auf einer freien Fläche aufgestellt waren, von Mitgliedern einer SS-Panzer-Aufklärungseinheit namens „Einsatzgruppe Peiper", zu der auch Friedrich Christ gehörte, erschossen worden waren. Zahlreiche Opfer wurden später mit Genickschuss aufgefunden oder mit noch über den Kopf erhobenen Armen. Eine eindrucksvolle Dokumentation, in der auch die Todesursachen der Opfer einschließlich der Ergebnisse der Obduktionen verzeichnet sind, findet sich in den Veröffentlichungen von Bauserman 1995 und Westemeier 2014. Die Hälfte der amerikanischen Soldaten kam danach durch aufgesetzten Kopfschuss zu Tode. Darüber hinaus wurden Schuss- und Schädelverletzungen, Prügel oder Verbluten als Todesursachen angegeben. Auch andernorts kam es später am gleichen Tag und an den Folgetagen noch zu zahlreichen weiteren Erschießungen von amerikanischen Gefangenen und von belgischen Zivilisten.

Die Angeklagten des Malmedy-Prozesses waren keineswegs eine homogene Gruppe. Die Kampfgruppe Peiper war gegen Ende des Krieges nach starken Verlusten in aller Eile und bereits bei deutlichem Mangel an einsatzfähigen Männern zusammengestellt worden. Unter ihnen befanden sich ältere Veteranen des Ersten Weltkriegs, aber auch eine große Anzahl Jüngerer, die noch keine zwanzig Jahre alt waren, der Jüngste war ein sechzehnjähriger Rekrut. Nur ein Teil waren altgediente SS-Angehörige, insbesondere die Offiziere. Viele der Jüngeren sowie der unteren Dienstgrade dienten erst seit kurzer Zeit bei der SS und waren zwangsrekrutiert oder zwangsversetzt. Wegen des zunehmenden Mangels an Soldaten hatte Hitler bereits 1942 verfügt, dass sich Siebzehnjährige auch ohne elterliche Zustimmung zur SS melden konnten, ab Mai 1944 konnten sogar Sechzehnjährige eintreten.

Der amerikanische Militärhistoriker James J. Weingartner, der sich auch schon früher (1996) intensiv mit dem Malmedy-Prozess befasst hatte, kam nach dem Studium der biografischen Hintergründe aller 73 Angeklagten, soweit anhand von Originalquellen in den Jahren nach 2000 noch rekonstruierbar, zu dem Ergebnis, dass den Angeklagten nicht pauschal eine besondere Nähe zur NS-Ideologie unterstellt werden könne (Weingartner 2009). Als Indiz für ideologische Nähe sieht er nur zwei Kriterien an, nämlich die Angabe von „Gottgläubigkeit" als Religion und den freiwilligen Beitritt zur SS oder zur Verfügungstruppe vor Kriegsbeginn. Beides trifft auf Friedrich Christ zu. Die Religionszugehörigkeit als Indikator für die Nähe zur NS-Ideologie ist nur von 26 der Malmedy-Angeklagten bekannt. Bezeichnenderweise waren achtzehn von diesen „gottgläubig", davon gehörten vierzehn zu den Offizieren. Alle Offiziere, von denen die Religionszugehörigkeit bekannt ist, waren „gottgläubig".

Noch eingehender und systematischer hat sich der Militärhistoriker René Rohrkamp anhand einer Stichprobe von 26 Personen mit der Einstellung und der Biografie der Malmedy-Verurteilten befasst und versucht, ihre Nähe zur NS-Ideologie durch den von ihm so genannten NS-Faktor zu erfassen. Demnach sind, ähnlich wie bei Weingartner, Länge der Zugehörigkeit zu NS-Organisationen (aller Art, also einschließlich Hitlerjugend und Reichsarbeitsdienst) und „Gottgläubigkeit" starke Indizien für eine besondere Nähe. Im Vergleich zu Heereskommandeuren lässt sich für viele der hier betrachteten SS-Offiziere eine überdurchschnittlich lange frühere Mitgliedschaft (gemessen an kumulierten Zugehörigkeitsmonaten) in der Hitlerjugend und in der NSDAP feststellen. Sie galten als „ideologisch gefestigt" (Rohrkamp 2010). Zwölf der 26 von Rohrkamp genauer untersuchten SS-Offiziere der Malmedy-Gruppe hatten am Ostfeldzug teilgenommen, welcher als „Vernichtungskrieg" mit besonderer Brutalität geführt worden war.

Auch die Nähe zum Lebensborn, die von Rohrkamp nicht speziell mituntersucht wurde, dürfte für eine Nähe zur NS-Ideologie sprechen. Der Sohn Christs wurde in einem Lebensbornheim geboren und sofort nach der Geburt dieser Organisation zur weiteren „Aufzucht" und Erziehung in Vormundschaft überlassen. Allerdings ist nicht bekannt, ob dies auf Christs Initiative zurückging oder ob die Mutter oder ihre Familie von sich aus diesen Weg gewählt hatten, um so mit der unerwünschten Schwangerschaft umzugehen. Die Reste der SS-Personalakte Christs enthalten außer der üblichen finanziellen Zwangsabgabe für den Lebensborn (Abzug von den monatlichen Bezügen) und der Zahlung eines Kinderzuschlags zum Sold keine weiteren Angaben zum Thema Lebensborn. Von Interesse in diesem Zusammenhang ist der Umstand, dass Friedrich Christ sich im Februar 1944 in einem Lazarett in Wernigerode aufhielt, wo Anfang April 1944 in einem Lebensbornheim sein Sohn geboren wurde. Möglicherweise war also Christ erst während seines Lazarettaufenthalts auf diese Möglichkeit der diskreten Entbindung aufmerksam geworden. Es ist durchaus vorstellbar, dass er die Mutter seines Kindes dorthin vermittelt hat. Sie stammte aus Ostwestfalen und kam erst eine Woche vor der Entbindung in Wernigerode an, nachdem sie die Zeit der Schwangerschaft bis dahin aus Vertuschungsgründen im Schwarzwald verbracht hatte.

Trotz vielfältiger Bemühungen und intensiver Forschungen sowohl amerikanischer als auch deutscher Historiker ist bis heute nicht im Einzelnen aufgeklärt, wie es genau bei Malmedy und an den anderen Orten zu den Erschießungen kam. Anfangs glaubten die Forscher, durch das Aufspüren weiterer Quellen und eine besonders sorgfältige Auswertung einer „Wahrheit" auf die Spur kommen und die Widersprüche in den Zeugenaussagen aufklären zu können. Erst allmählich wurde klar, dass die vorhandenen Quellen unzuverlässig sind und es bessere schlechterdings nicht gibt. Im Prozess wurden die widersprüchlichsten und unwahrscheinlichsten Versionen vorgetragen, von den Angeklagten wie von den Zeugen. Dazu urteilt Westemeier: „Es war nur noch ein Hauen und Stechen, schließlich ging es darum, sich irgendwie zu retten" (Westemeier 2017, persönliche Angabe). So entstanden Narrative, an denen in bestimmten Teilen der deutschen Nachkriegsgesellschaft, aber auch in manchen amerikanischen Lobbygruppen hartnäckig festgehalten wurde.

Aus rein militärischer Sicht, das bestätigt auch die spätere Aufarbeitung durch amerikanische Instanzen, galt der rasche Vormarsch der deutschen Panzertruppen als riskante Operation. Sowohl die Mitnahme der Gefangenen als auch das Zurückschicken hinter die Front zu Gefangenensammelstellen hätten die Unternehmung erheblich behindert und ihr Gelingen gefährdet. Aus diesem Grund soll von Hitler persönlich der Befehl ausgegeben worden sein, keine Gefangenen zu machen. Ein Führerbefehl oder Führererlass war eine Anordnung Hitlers, die für alle Behörden und alle Deutschen Gesetzeskraft hatte und nicht durch andere Verfassungsorgane bestätigt werden musste. Sie konnte geltendes Recht verändern oder neues Recht setzen. Ein derartiger Führerbefehl ließ sich im Malmedy-Fall allerdings später nicht objektiv belegen. Jedoch entsprach eine sozusagen „notfallmäßige" Erschießung von Kriegsgefangenen in Situationen, in denen ihre korrekte Behandlung die eigene Truppe oder deren Kampfziele beeinträchtigt hätte, dem, was in den Junkerschulen offiziell gelehrt und gelernt wurde.

Jedenfalls war ein solcher Befehl von Obersturmbannführer Joachim Peiper bei einer Lagebesprechung mit seinen Offizieren am 15. Dezember 1944 an diese ausgegeben oder eben weitergegeben worden. Dabei sollen Diskussionen darüber entstanden sein, was genau damit gemeint sei. Zwei neu zur Einsatzgruppe gekommene Offiziere, darunter Friedrich Christ, hätten späterer Zeugenaussagen zufolge nachgefragt, wie genau der Befehl zu interpretieren sei, aber ausweichende Antworten erhalten. Zuerst sei auf die offiziellen Regeln bezüglich des Umgangs mit Gefangenen hingewiesen worden, und später hieß es dann: „Falls nötig, macht es wie in Russland" (Westemeier 2014).

Es handelt sich hier um die Ausgabe oder die Weitergabe eines verbrecherischen Befehls durch den Kommandanten der Einheit und später mutmaßlich auch um die stufenweise Weitergabe durch mehrere Untergebene. Die genaue Befehlskette wurde nicht geklärt. Zudem war der Befehl unklar formuliert, und das mutmaßlich absichtlich. Wahrscheinlich, so der Historiker Steven P. Remy (2017), hatte dies den intendierten Effekt, dass die Mannschaften und Unteroffiziere der Kampfgruppe in der konkreten Kampfsituation einen ausdrücklichen Befehl zu Gefangenenerschießungen nicht mehr für nötig hielten, sondern annehmen konnten, dass ein solches Vorgehen pauschal gedeckt gewesen sei. Der Paragraf 47 des seinerzeit weiterhin gültigen preußischen Militärstrafgesetzbuches von 1872 regelt allerdings eindeutig, dass ein Untergebener sich strafbar macht, wenn er einen Befehl ausführt oder weitergibt und ihm bekannt gewesen ist, dass „der Befehl des Vorgesetzten eine Handlung betraf, welche ein bürgerliches oder militärisches Verbrechen oder Vergehen bezweckte". Spätestens seit 1942 war auch jeder deutsche Soldat im Besitz eines offiziellen Merkblattes über zehn Gebote der Kriegführung, welches die internationalen Regeln zur Kriegführung und zur Gefangenenbehandlung (Genfer Konvention und Haager Landkriegsordnung) korrekt wiedergab (Hankel 2003).

Lange Zeit wurde angenommen, und zwar auch von amerikanischer Seite, dass die Erschießungen an der Straßenkreuzung bei Malmedy im Rahmen einer allgemeinen Konfusion und Panik stattgefunden hätten. „In the heat of the battle", in der Hitze des Gefechts, ist ein Ausdruck, der von der Verteidigung geprägt wurde und in diesem Zusammenhang immer wieder auftaucht. Die Ereignisse wären somit möglicherweise eher ein situativ erklärbarer Gewaltexzess als ein geplanter Akt. Die Verteidigung wollte mit dieser Sichtweise dem möglichen Vorwurf des „common design", also des Organisationsverbrechens oder der „Verschwörung", entgegenwirken. Hierfür wäre nämlich eine gemeinschaftliche, dem eigentlichen Verbrechen vorausgehende Planung ein konstitutives Element gewesen. Da ihnen ein länger geplantes Unterfangen im Fall der Gefangenenerschießungen bei Malmedy kaum belegbar schien, sahen die Ankläger ohnehin von vornherein von einem derartigen Vorwurf ab. Zweifel an dieser Einschätzung erwecken allerdings u.a. die Untersuchungen von Dany S. Parker (2012) und die umfassenden Forschungen von Steven P. Remy (2017), die ein koordiniertes Vorgehen der SS-Truppen zumindest an der Straßenkreuzung bei Malmedy belegen und aus diesem Grunde auch einen ausdrücklichen Erschießungsbefehl für wahrscheinlich halten. Dieser war mutmaßlich auch dem ständigen Drängen Peipers nach maximaler Geschwindigkeit beim Vormarsch geschuldet. Schließlich musste er ein gewisses Überraschungsmoment militärisch nutzen, andernfalls wäre seine heikle Aktion *sofort* zum Scheitern verurteilt gewesen (tatsächlich scheiterte sie einige Tage später). Die Rekonstruktion der Ereignisse stützt sich insbesondere auf immer genauere und professionellere Auswertungen der schriftlichen Quellen, insbesondere Zeugenaussagen und Aussagen im Verhör, auf detaillierte Untersuchungen amerikanischer Spezialermittler am Ort des Geschehens nach dessen Rückeroberung durch die alliierten Truppen Mitte Januar 1945 (u.a. Zustand und Auffindungsort der Leichen), auf Berichte der sieben amerikanischen Überlebenden und auf Aussagen belgischer Zivilisten in einem belgischen Kriegsgerichtsprozess von 1948 in Lüttich. Allerdings ist eine genaue Rekonstruktion aller Geschehnisse in zeitlich lückenloser Folge nach wie vor problematisch, zumal sich die untersuchten Kampfhandlungen über Tage hinzogen und mit fast unübersehbaren und zunehmend unkoordinierten Truppenbewegungen auf deutscher Seite verbunden waren. Schon die Frage, wann wer wo war, ist oft nicht zu klären, geschweige denn wer was wo tat.

Von vielen Angeklagten und ihren Interessengruppen wurden andere Erklärungen für die Erschießungen, die als solche nicht zu leugnen waren, vorgetragen. Die gefangenen Amerikaner hätten versucht zu fliehen, sie hätten ihre Waffen wieder aufgenommen und deswegen nicht mehr den Status von Kriegsgefangenen gehabt, oder die deutschen Truppen hätten wegen Nebels die Amerikaner nicht als Gefangene erkennen können. Bezüglich der Erschießung belgischer Zivilisten wurde gerne argumentiert, dass es sich in Wirklichkeit um Partisanen oder Spione gehandelt habe. Alles dies kann als eindeutig widerlegt gelten, zumal es sich bei den belgischen Opfern überwiegend um Frauen, Kinder und ältere Männer handelte. Dennoch wird dieses Narrativ in bestimmten Kreisen bis in die Gegenwart hinein aufrechterhalten.

Das Argument, dass letztlich genaue Kenntnisse über den Hergang fehlten, wurde häufig wiederholt und insbesondere auf deutscher Seite und in revisionistischen und apologetisch gesinnten Kreisen zur Entlastung oder gar Entschuldung der Angeklagten eingesetzt oder, man kann sagen, dafür missbraucht. Konstruktiver als auf Wissenslücken zu beharren, scheint es, nach dem zu fragen, was zweifelsfrei festzustellen ist, ob dies zur Verurteilung ausreicht und wie ggf. das Strafmaß begründet wurde. Um hierauf eine Antwort zu finden, muss die Beteiligung der 73 Angeklagten einzeln und differenziert betrachtet werden.

Die persönliche Rolle Friedrich Christs im Gesamtgeschehen, das sich ja über mehrere Tage erstreckte, wird sich nicht mehr rekonstruieren lassen. Eine Vielzahl teils widersprüchlicher Angaben unterschiedlicher Personen zu unterschiedlichen Zeiten und in unterschiedlichen Situationen hinterlässt kein klares Bild. Dies gilt auch für die Aussagen von Christ selbst, die sich teilweise widersprechen und teilweise von ihm selbst widerrufen wurden. Er begründete dies bei der späteren Überprüfung der Urteile mit dem enormen seelischen Druck, der im Untersuchungsgefängnis Schwäbisch Hall auf ihn ausgeübt worden sei. Zeitweise habe er nicht mehr klar denken können.

Friedrich Christ befand sich zu Beginn der Ardennenoffensive beim raschen Vormarsch der Einsatzgruppe mit seiner Panzereinheit unmittelbar hinter der Vorhut, hatte allerdings wegen Schwierigkeiten des Terrains und Treibstoffmangels zeitweise den Anschluss verloren. Die Straßenkreuzung bei Malmedy, an der die Gefangenenerschießungen stattfanden, passierte er nach inzwischen als gesichert geltenden Aussagen verschiedener Zeugen erst mindestens zwei Stunden nach dem Massaker, ohne dort anzuhalten und in großer Eile. Die Gefangenentötungen gehen zweifelsfrei zu Lasten von Einheiten, die den Ort der Gefangenenaufstellung schon vorher erreicht hatten. Weitere Verbrechen an Soldaten und Zivilisten in der Nähe der stark umkämpften belgischen Ortschaften La Gleize, Stoumont und Stavelot wurden später Christ als Vorgesetztem angelastet (Weingartner 1979).

Christ war ja sowohl Befehlsempfänger, der nach dem internationalen Kriegsrecht eindeutig verbrecherische Befehle nicht weitergeben durfte, als auch Vorgesetzter mit Verantwortung für die Taten seiner Untergebenen sowie darüber hinaus auch selbst ein Handelnder. Er hatte sich, anders als die Mehrzahl der Mitangeklagten, vor Gericht in eigener Angelegenheit geäußert und dabei auch die von ihm in Schwäbisch Hall unterzeichneten Geständnisse widerrufen (Sigl 1992). Er sagte vor Gericht aus, zum Zeitpunkt des eigentlichen Crossroad Incident nicht am Ort des Geschehens gewesen zu sein und von den inkriminierten Ereignissen erst nach seiner Inhaftierung im Mai 1945 erfahren zu haben. Diese Aussage machten auch andere Männer seiner Truppe. Auch an den späteren Kampforten habe er keine Befehle zu Erschießungen gegeben. Männer aus Christs Bataillon hatten ihn allerdings belastet und ausgesagt, dass er es gewesen sei, der seinerzeit bei Malmedy den Schießbefehl erteilt habe.

Die Nicht-Anwesenheit von Christ an der Straßenkreuzung von Malmedy zum Zeitpunkt der Gefangenenerschießungen wurde durch amerikanische Militärhistoriker (Weingartner 1979, Bauserman 1995, Parker 2012) nach Auswertung amerikanischer Archivquellen erwiesen. Sie lässt sich auch aus den von der Autorin eingesehenen Unterlagen des Begnadigungsausschusses (siehe später) ableiten. Dies gilt im Übrigen auch für 43 weitere Angeklagte (Bauserman 1995). Die späteren Vorfälle in Stoumont, Stavelot und La Gleize sind anscheinend nicht in gleicher Genauigkeit untersucht und dokumentiert. Bauserman und Parker beschränken sich in ihren Untersuchungen auf die Ereignisse an der Straßenkreuzung bei Malmedy. Worst (2017) schildert in seiner Biografie über Gustav Knittel die Kämpfe um Stavelot mit großer Genauigkeit, ohne dass der Name Christ in diesem Zusammenhang auftaucht. Westemeier hat alle Ereignisse bis zur Auflösung der Kampfgruppe Peiper so genau wie möglich untersucht. Christ und seine Einheit treten hierbei hauptsächlich bei Kämpfen in der Kleinstadt Stavelot in Erscheinung, jedoch nicht im Zusammenhang mit Erschießungen. Interessanterweise schildert Westemeier (2006) auf Grundlage einer Aussage von Peiper aus dem Jahr 1947 recht ausführlich eine Episode, nach welcher Christ bei den Kämpfen um die Brücke von Stavelot zweimal den Befehl seines Vorgesetzten Poetschke trotz der Bedrohung mit einer Handgranate verweigerte, Panzer seiner Einheit unmittelbar in heftiges amerikanisches Gegenfeuer zu schicken. Christ wurde nach diesem Vorfall zunächst unbehelligt gelassen, später jedoch deswegen innerhalb der LSSAH versetzt.

Während des Prozesses hatte Christ ausgesagt, wie es bei Westemeier (2014) heißt, „zur Verwunderung seiner Mitangeklagten und zum Entsetzen seiner Verteidiger", den Befehl seiner Vorgesetzten vom 15. Dezember 1944 bezüglich der Behandlung von Kriegsgefangenen in der damaligen Wortwahl, also auch in seiner Unbestimmtheit und Zweideutigkeit, *genau so* an seine Männer weitergegeben zu haben („Er redete sich um Kopf und Kragen", zitiert nach Westemeier 2014, gleiche Angabe auch bei Weingartner 1976). Christ hatte mit dieser Aussage, und zwar als Erster aller Angeklagten, die unter Mitangeklagten und Verteidigern abgesprochene Verteidigungsstrategie durchbrochen. Diese sollte darin bestehen, einen Erschießungsbefehl zu leugnen und alle Schuld auf den zu Kriegsende (März 1945) in Ungarn gefallenen Sturmbannführer Poetschke zu schieben (Weingartner 2009). Christ hatte sich hiermit der Weitergabe eines möglicherweise verbrecherischen Befehls selbst bezichtigt. Damit wurde er, vielleicht unbewusst und sicherlich unbeabsichtigt, zu einem wichtigen Zeugen der Anklage ebenso wie mit seiner oben zitierten Aussage zum Umgang mit Kriegsgefangenen (Parker 2012, Perl in Hearings before a Subcommittee of the Committee on Armed Services, United States Senate, Malmedy Hearings, US States Printing Office, 1949).

Ebenso problematisch wie die Feststellung des genauen Hergangs der Verbrechen ist ihre rechtliche Beurteilung. Die juristische Aufarbeitung der Ereignisse vom 17. Dezember 1944 und danach fand vor einem amerikanischen Militärgericht statt und folgte den Regeln der amerikanischen Militärgerichtsbarkeit.

Den Angeklagten des Malmedy-Prozesses wurden Kriegsverbrechen nach der Haager Landkriegsordnung von 1907 und der Genfer Konvention von 1929 zur Last gelegt. Ihnen wurden also nach damaligem Völkerrecht eindeutige und strafrechtlich eindeutig geregelte Verbrechen vorgeworfen. Völkerrechtlich *neue* Anklagepunkte im Sinne des eigens für das Internationale Militärtribunal in Nürnberg neu geschaffenen Rechtskodexes

Abb. 10a, 10b: Friedrich Christ beim Verhör im Gerichtssaal in Dachau, sitzend neben ihm eine Dolmetscherin, 24. Juni 1946

spielten keine entscheidende Rolle. Diese neuen Straftatbestände (beruhend auf den „Londoner Statuten" der Siegermächte vom 8. August 1945 und dem „Alliierten Kontrollratsgesetz" vom 20. Dezember 1945) waren Verbrechen gegen die Menschlichkeit, Zugehörigkeit zu einer verbrecherischen Organisation, Vorbereitung eines Angriffskrieges und Kriegsverbrechen. Auch *während* des Prozesses standen solche neuartigen Tatbestände anfangs nicht im Vordergrund. Allerdings gewannen sie im Verlauf der späteren Überprüfungen der Urteile des Malmedy-Prozesses größere Bedeutung.

Die Rechtsgrundlagen der Dachauer Prozesse waren von vornherein umstritten. Nicht nur bei dem Malmedy-Prozess, sondern auch bei anderen Dachauer Prozessen (zum Beispiel dem „Einsatzgruppenprozess" gegen mobile Tötungskommandos und Prozessen gegen SS-Wachmannschaften von Konzentrationslagern) stellte das Militärgericht den in Deutschland neuartigen und noch nicht allgemein akzeptierten Tatbestand eines gemeinschaftlichen kriminellen Vorhabens (oder auch Organisationsverbrechen genannt) zunehmend in den Vordergrund. Dies sowie weitere Diskrepanzen zwischen deutschen und angloamerikanischen Rechtsauffassungen, so zur Vorgesetztenverantwortung oder zum Befehlsnotstand als Rechtfertigungsgrund, trug im weiteren Verlauf dazu bei, die Prozesse bei Teilen der deutschen Öffentlichkeit in Misskredit zu bringen und das Bild der Verurteilten in der Öffentlichkeit schleichend zu verändern.

Unter Befehlsnotstand versteht man im militärischen Bereich die Situation, dass einem Befehlsempfänger für den Fall, dass er einen verbrecherischen Befehl nicht ausführt, eine gegenwärtige Gefahr für Leib und Leben droht. Anders als in Deutschland üblich wurde ein derartiger Notstand grundsätzlich von den alliierten Militärgerichten nicht als Strafausschließungsgrund, sondern allenfalls als Milderungsgrund angesehen. Ebenfalls anders als es der seinerzeitigen deutschen Rechtsauffassung entsprach, wurde von den Alliierten auch nicht die drohende Degradierung oder Versetzung in eine Strafeinheit bei Nichtausführung als Notstand in diesem Sinne angesehen. Der von den Angeklagten und ihren Verteidigern reklamierte Notstand war nach Ansicht des Gerichts allenfalls ein irrtümlich als gegeben angenommener, wenn nicht ein vorgegebener Notstand.

Friedrich Christ war Angeklagter Nummer 7 im Prozess US 011, Case No. 6-24, „US vs. Valentin Bersin", benannt nach dem Angeklagten Nummer 1 in der alphabetischen Namensliste der Beschuldigten. Dieser Prozess gegen insgesamt 73 Männer dauerte lediglich zwei Monate. Allen Angeklagten wurden identische Anklageschriften überreicht, da es sich in der Sichtweise der Ankläger um ein gemeinschaftlich begangenes Organisationsverbrechen handelte. Insgesamt ging es in diesem Prozess um Verbrechen an 538 bis 749 namentlich ungenannten amerikanischen Kriegsgefangenen und mehr als 90 belgischen Zivilisten, verübt über einen Zeitraum von etwa einem Monat. Die Angaben der Ankläger der Militärstaatsanwaltschaft wurden durch das Gericht unter Vorsitz von Chief Prosecutor Oberleutnant Barton J. Ellis im Wesentlichen übernommen und nicht unabhängig überprüft.

Den Angeklagten wurden amerikanische Pflichtverteidiger zugeordnet, der Hauptverteidiger war Colonel Willis Everett, Rechtsanwalt aus Atlanta im Zivilleben. Er zeigte offenkundige Sympathie für seine Mandanten, von denen er glaubte, dass sie ihre Pflicht als Soldaten getan hätten. Er nahm seine Aufgabe mit großer Akribie wahr und widmete ihr nach der Beendigung des Prozesses noch viele Jahre seines Lebens und sogar einen beträchtlichen Teil seines privaten Vermögens. Wegen seiner geradezu verbissenen Art, für „seine Malmedy-Boys" zu kämpfen, wurde er in manchen Medien sogar als „Michael Kohlhaas in Atlanta" tituliert. Insbesondere pflegte er ein (antisemitisches)

Ressentiment gegen die amerikanischen Untersuchungsoffiziere und sprach von (Weingartner 2009):

> „a handful of naturalized Americans not imbued with the spirit of Anglo-Saxon traditions of jurisprudence" [und sogar von] „un-american methods employed by pseudo-Americans and certain minority pressure groups who are still seeking revenge".

Everett warf also den Untersuchungsoffizieren vor, sie seien nicht vom Geist der angelsächsischen Rechtstradition durchtränkt, sie seien keine richtigen Amerikaner und noch immer auf Vergeltung aus. Es handelte sich bei den gemeinten Personen um jüdische Emigranten aus verschiedenen vom Krieg betroffenen europäischen Ländern, denen Everett unterstellte, den Strafprozess für ihre persönliche Rache nutzen zu wollen. Sie seien als „Racheengel" (revenging angels) nach Europa zurückgekommen.

Hauptverteidiger Everett stand mit diesen Ressentiments keineswegs allein da. Der amerikanische Historiker Remy widmet weite Teile seiner neuen Sicht auf den Malmedy-Prozess (Remy 2017) genau diesem Aspekt. Amerikaner und Deutsche hätten sich nach dem Krieg nicht nur in ihrer Ablehnung totalitärer Regime und im Bestreben nach Demokratisierung vereint. Sondern über die transatlantische Partnerschaft hätten sich eben auch solche Amerikaner und solche Deutsche zusammengefunden, die antisemitische Vorurteile pflegten, an eine jüdische Weltverschwörung glaubten, deutsche militärische Tugenden bewunderten und einer beschönigenden Sicht auf das NS-Regime als Bollwerk gegen den Bolschewismus anhingen. Er spricht von einer geradezu symbiotischen Beziehung zwischen amerikanischen und deutschen Amnestiebefürwortern. Auch Howell (2016) beschreibt die erstaunliche militärhistorische Kooperation zwischen dem Kriegsgeschichtlichen Forschungsamt der US-Armee (Historical Division) und der ehemaligen deutschen Wehrmachtelite in der Zeit von 1945 bis 1951.

Diese Zusammenarbeit habe eindeutig eine apologetische (ent-schuldigende, beschwichtigende und beschönigende) Geschichts-deutung befördert. Nicht immer sei es also so, dass die Geschichte (ausschließlich) von den Siegern geschrieben werde.

Es waren zum Prozess auch deutsche Rechtsanwälte zuge-lassen, hiervon machten aber nur die Offiziere unter den Ange-klagten Gebrauch. Die Verteidigungsstrategie beruhte vor allem auf dem Bestreben, alle eidesstattlichen Erklärungen von Mitan-geklagten bei der Urteilsfindung auszuschließen. Christ wurde durch Rechtsanwalt Dr. Hertkorn aus München vertreten, der sich intensiv, aber vergeblich bemühte, die im Untersuchungs-gefängnis Schwäbisch Hall erwirkten und später widerrufenen belastenden Aussagen der Mitgefangenen zu entkräften.

Der Prozess war grundsätzlich öffentlich, und Angehörige der Angeklagten konnten als Zuschauer teilnehmen. Auch die Schwester von Friedrich Christ, eine junge Frau von 24 Jahren, die im Krieg unter anderem als Pflegerin in Lazaretten und als Funkerin bei der Wehrmacht in Holland und Italien eingesetzt war, machte hiervon regelmäßig Gebrauch. Die Strecke von Frei-sing nach Dachau, etwa 25 km, legte sie hierfür mit dem Fahrrad zurück. Sie vertrat durch ihre Anwesenheit die Mutter, die sich seelisch zur Teilnahme nicht in der Lage sah und angekündigt hatte, wenn ihr Sohn gehängt würde, werde sie sich umbringen.

Eine große Schwierigkeit für das Gericht bestand darin, dass es sich bei der Urteilsfindung fast ausschließlich auf Angaben Mitangeklagter stützen musste, die gleichzeitig Zeugen waren. Deren Aussagen waren mangels weiterer unbeteiligter Zeugen und mangels schriftlicher oder sonstiger Dokumente beinahe die einzigen Beweismittel, über welche die Anklage verfügte.

Die Urteile wurden am 16. Juli 1946 verkündet. Alle 73 Ange-klagten wurden für schuldig befunden und verurteilt, davon 42 zum Tod durch Erhängen. Diese Hinrichtungsform galt als besonders ehrlos, einige Verurteilte beantragten, stattdessen erschossen zu werden. Eine schriftliche Urteilsbegründung wurde nicht erstellt. Dies war allerdings in Kriegsgerichtsprozessen dieser Art nicht vorgeschrieben und allgemein seinerzeit im angelsächsischen Recht auch nicht üblich. Es war aber immer wieder ein Kritikpunkt von deutscher Seite. Keines der Todesurteile dieses Verfahrens wurde später tatsächlich vollstreckt.

Abb. 11: Friedrich Christ bei der Verlesung
seines Todesurteils im Gerichtssaal in Dachau,
stehend neben ihm Hauptverteidiger W. Everett, 16. Juli 1946

Friedrich Christ wurde wegen folgender Verbrechen zum Tod durch Erhängen verurteilt: Befehl an seine Kompanie, keine Gefangenen zu machen am 15. Dezember 1944, Befehl zur Erschießung amerikanischer Kriegsgefangener am 17. Dezember 1944 an einer Straßenkreuzung bei Malmedy, Befehl zur Gefangenenerschießung am 19. Dezember 1944 in Stoumont, Belgien, Befehl zur Gefangenenerschießung am 21. Dezember 1944 in La Gleize, Belgien, verantwortlich für Gefangenenerschießungen durch die Männer seiner Truppe in der Zeit vom 16. Dezember 1944 bis 13. Januar 1945. Das im Internet frei zugängliche filmische Archivmaterial der US-Regierung zeigt unter anderem auch mehrfach den „Defendant No. 7", Friedrich Christ, gut kenntlich und eindeutig identifizierbar, da alle Beschuldigten ein großes Nummernschild um den Hals trugen. So ist zu sehen, wie er verhört wird und auch wie er sein Todesurteil entgegennimmt.

Überprüfungen

Die in den Nürnberger und Dachauer Prozessen Verurteilten wurden in Teilen der deutschen Öffentlichkeit eher, und zunehmend mehr, als Kriegsgefangene wahrgenommen und auch so bezeichnet (vergleichbar mit den noch tausenden Gefangenen in sowjetischen Lagern), nicht als verurteilte Straftäter. Ihre Taten wurden zunehmend ausgeblendet, und sie wurden nicht in der Täterrolle, sondern in der Opferrolle gesehen (Stiepani 1999, Form 2007).

In Deutschland sprach man allgemein, aber gerade auch im Zusammenhang mit dem Malmedy-Prozess von „Siegerjustiz". Dieses Wort kann in zweifacher Hinsicht verstanden werden: Der Sieger diktierte die Rechtsnormen, und: Der Sieger beugte das Recht, weil er die Macht hatte. Kritikpunkte waren u. a. die Kürze des Prozesses, der in einem sogenannten Schnell-Verfahren stattfand (73 Verurteilungen in zwei Monaten, davon immerhin 42 Todesurteile), identische Anklageschriften, in denen sämtlichen Angeklagten pauschal verschiedene Verbrechen an sechs verschiedenen Orten vorgeworfen wurden, verübt über einen Zeitraum von mehreren Wochen, Anwendung des amerikanischen Kriegsrechts für Taten, die *vor* der bedingungslosen Kapitulation Deutschlands stattgefunden hatten.

Auch auf amerikanischer Seite waren die Dachauer Prozesse umstritten. Zeitgenössische amerikanische Quellen sprachen davon, dass die Prozesse nicht in allen Punkten den Grundsätzen der amerikanischen Kriegsgerichtsbarkeit entsprochen hätten. Die amerikanische Öffentlichkeit nahm großen Anteil, insbesondere an dem Malmedy-Prozess, handelte es sich doch, anders als bei vielen anderen Verfahren, um Kriegsverbrechen an amerikanischen Staatsbürgern. Eine breit angelegte Kampagne in den USA hatte bereits unmittelbar nach dem Massaker im Dezember 1944 zu einer aufwändigen Berichterstattung geführt. Mehr als einhundert Tageszeitungen brachten das Thema auf der ersten Seite. Hingegen fanden die Erschießungen von belgischen Zivilisten, darunter vielen Frauen und Kindern, sehr viel weniger öffentliche Aufmerksamkeit. Die Atmosphäre, z. B. in manchen amerikanischen Medien, war emotional aufgeheizt, und die amerikanische Opposition versuchte, innenpolitischen Profit aus vermeintlichen oder tatsächlichen Fehlern der Regierung zu ziehen. Bereits seinerzeit spielte der militant antikommunistische republikanische (oppositionelle) Senator Joseph McCarthy eine prominente Rolle und beeinflusste durch seinen aggressiven Stil das allgemeine Klima. Im Laufe der kommenden Jahre wurden immer wieder neue Publicity-Kampagnen zur Diskreditierung der Militärgerichtsbarkeit und der demokratischen Regierung gestartet.

Auf beiden Seiten, der deutschen und der amerikanischen, richtete sich die Kritik am Malmedy-Prozess insbesondere gegen die Voruntersuchungen im Internierungslager Schwäbisch Hall, wo ja auch Friedrich Christ von Dezember 1945 bis April 1946 verhört worden war. Beanstandet wurden die Beeinflussung von Zeugen, z. B. durch Einschüchterung, eingeschränkte Möglichkeiten der Verteidiger wie zum Beispiel Nichtanhörung von Entlastungszeugen, eine fehlende Berufungsinstanz, Aberkennung

des Kriegsgefangenenstatus, schlechte Behandlung der Angeklagten und Erzwingung von Geständnissen durch Androhung
von physischer und psychischer Gewalt – beispielsweise durch
die Drohung, dass die Angehörigen keine Lebensmittelkarten
bekommen würden und verhungern müssten oder nach Sibirien
verschickt würden. Zunehmend gab es auch Vorwürfe wegen
ausgesprochener Misshandlungen bis hin zur systematischen
Folter. Zahlreiche Verurteilte, so auch Christ, bezeugten entgegen ihren Aussagen *während* des Prozesses später unter Eid, im
Untersuchungsgefängnis misshandelt worden zu sein. Es wird
angenommen, dass diese Vorwürfe im Wesentlichen ein Konst-
rukt der Verteidigung waren, die damit eine Revision der Urteile
erzwingen wollte, und zwar nicht nur der deutschen Verteidigung, sondern auch der amerikanischen, namentlich des Haupt-
verteidigers Everett (Remy 2017).

Die im Sommer 1946 gefällten Urteile wurden im März 1947
einer juristischen Überprüfung unterzogen. Dies war als Korrek-
tiv für die nicht vorgesehene Berufungsinstanz bei Todesurteilen
vor der Vollstreckung generell vorgeschrieben. Die Überprüfungs-
kommission unter Leitung des zweithöchsten Vertreters der Staats-
anwaltschaft der US-Streitkräfte (Deputy Judge Advocate for War
Crimes) kam allerdings zu der Auffassung, dass die Feststellun-
gen des Militärgerichts, auf welchen die Verurteilungen beruhten,
im Wesentlichen korrekt seien und dass auch das Strafmaß „nicht
exzessiv" sei. Die meisten Urteile wurden bestätigt, so auch das
Todesurteil gegen Friedrich Christ (Review and Recommendation
of the Deputy Judge Advocate for War Crimes, 1947, S. 57-62, Verfügung des zuständigen Befehlshabers vom 20.3.1948).

Eine weitere Überprüfung fand 1948 durch den Obersten
Kriegsgerichtsrat der amerikanischen Armee unter Kriegsminis-
ter Royall statt. Leiter dieser Arbeitsgruppe war das Mitglied des
Obersten Gerichtshofs von Texas, Gordon B. Simpson, nach wel-

chem die Kommission benannt wurde. Sie beschäftigte sich mit sämtlichen Dachauer Prozessen, jedoch ausschließlich mit den Todesurteilen, soweit diese noch nicht vollstreckt waren. Unter den überprüften Fällen befanden sich die von zwölf der Malmedy-Verurteilten, Friedrich Christ gehörte zu ihnen. Die Kommission empfahl die Aufhebung von sechs Todesurteilen, hierunter auch Christs Urteil. Für Peiper und fünf andere wurde keine Aufhebung empfohlen.

Im Gefolge von weiteren Eingaben und Petitionen, insbesondere von hohen politischen und kirchlichen deutschen Würdenträgern, vor dem obersten amerikanischen Bundesgericht, dem Supreme Court, kam es im Jahre 1949, noch vor der Veröffentlichung der Ergebnisse der Simpson-Kommission, zu einer abermaligen Überprüfung der Malmedy-Urteile durch die amerikanischen Autoritäten. Der zivile Oberste Gerichtshof der Vereinigten Staaten hatte sich zwar für nicht zuständig erklärt, jedoch eine Untersuchungskommission angeregt, die dann vom US-Senat, also der Legislative, eingesetzt wurde. Ziel war somit weniger die juristische Überprüfung einzelner Vorgänge des ursprünglichen Verfahrens, sondern eher eine Gesamtbeurteilung der Geschehnisse und die Erarbeitung von grundsätzlichen Empfehlungen für den Gesetzgeber. Der Leiter war Raymond Baldwin aus Connecticut, nach welchem die Kommission auch benannt wurde. Zur Kommission gehörte zeitweise der prominente Richter Edward van Roden aus Pennsylvania, der in Opposition zur amerikanischen Regierung stand und bereits damals wie auch in den Folgejahren die amerikanische Militärjustiz heftig angriff. Zeitweise nahm auch Senator Joseph McCarthy an den Befragungen von Zeugen teil.

Die Baldwin-Kommission ging ausführlich auf alle bisherigen Kritikpunkte ein und veröffentlichte einen detailreichen Bericht. Unter anderem beauftragte sie zwei zivile amerikanische Ärzte und einen Zahnarzt damit, alle Gefangenen körperlich zu den

Vorwürfen der Gewaltanwendung im Verhör und der Folterung zu begutachten. Sie fanden hierfür, allerdings vier Jahre nach den Verhören, nur in zehn Fällen mögliche, eher diskrete Anzeichen und keine sicheren Beweise. Christ gehörte nicht zu diesen Fällen (Bericht Dr. Terry, Anlage zum Bericht der Kommission). Hartnäckig wiederholte Behauptungen (bereits damals, z. B. in amerikanischen Medien, wie heute, z. B. in rechtsextremistischen Publikationen und Internetforen in Deutschland), dass von über einhundert Gefangenen alle mit nur zwei Ausnahmen gewaltbedingte bleibende Hodenschäden aufwiesen, wurden so widerlegt. Es fällt auf, dass unter allen Vorwürfen gerade die Mär von den bleibenden Hodenschäden bis heute immer wieder auftaucht. Dieses Thema schien für die sehr männlich geprägten Interessengruppen besonders interessant zu sein. Möglicherweise wollte man den Amerikanern, ganz im Sinne des NS-Rassismus, auch unterstellen, die biologische Substanz des deutschen Volkes angegriffen zu haben.

Die Kommission stellte fest, dass die Behauptungen bezüglich Folterungen letztlich alle auf die Aussagen nur eines einzigen Zeugen zurückzuführen seien, welcher in verschiedenen anderen Prozessen (teilweise schon vor dem Krieg, in verschiedenen Ländern und unter verschiedenen Identitäten) als „pathologischer Lügner" überführt worden war. Die ärztlichen Sachverständigen der Baldwin-Kommission diagnostizierten bei ihm eine Charakterpathologie (heute würde man von einer schweren Persönlichkeitsstörung sprechen) und empfahlen, seine Aussagen im Prozess nicht zu verwerten. Dennoch hielt z. B. van Roden weiterhin an seinen Behauptungen fest, dass Folterungen stattgefunden hätten, und wiederholte sie vor der Presse. Später gab er allerdings vor, dass die Presse ihn falsch zitiert habe (Daily News 9.1.1949).

Im Hinblick auf anerkannte Mängel des ursprünglichen Verfahrens formulierte die Baldwin-Kommission eine Reihe von Empfehlungen für den amerikanischen Senat, unter anderem bezüglich der erforderlichen fachlichen Mindestqualifikationen für Untersuchungsoffiziere und Richter in Kriegsgerichtsprozessen. Diese sollten außerdem seit mindestens einem Jahrzehnt amerikanische Staatsbürger sein. Dies ist zu verstehen vor dem Hintergrund, dass in Prozessen im Gefolge des Zweiten Weltkriegs auf amerikanischer Seite sehr häufig und auch auf höheren Ebenen Personen wegen ihrer deutschen Sprachkenntnisse eingesetzt wurden, die frühere deutsche, österreichische oder sonstige europäische Staatsbürger waren, vor dem Hitlerregime fliehen mussten, erst seit kurzer Zeit die amerikanische Staatsbürgerschaft besaßen und wenig Erfahrung im amerikanischen Rechts- und Verwaltungswesen hatten. Die Kommission betonte, dass konkret die Tätigkeit bestimmter Verhöroffiziere nicht zu beanstanden sei, dass jedoch mit der genannten Empfehlung der möglichen Unterstellung eines Rachemotivs entgegengewirkt werden solle.

Auch weitere Mängel des Verfahrens wurden durch die Kommission anerkannt. So sei seitens der Ermittler mit Spitzeln und irreführenden Tricks gearbeitet worden. Dies wurde allerdings als ein in den USA seinerzeit übliches Mittel akzeptiert. Scheinverhandlungen in zwölf Fällen wurden als erwiesen anerkannt und als schwerer Missgriff bewertet. Einzelhaft habe stattgefunden, sei jedoch durch die Umstände gerechtfertigt gewesen, ebenso das Benutzen von Kapuzen zur Sicherung der Anonymität, wenn Gefangene durch die Anstalt geführt wurden. Körperliche Misshandlungen, Essens- und Trinkwasserentzug, ungenügende geistliche Betreuung, Bedrohung von Familienangehörigen und Scheinhinrichtungen habe es nicht gegeben (Sigl 1992).

Auch mit dem Verhör von Friedrich Christ durch Untersuchungsoffizier Perl hat sich die Baldwin-Kommission ausführlich beschäftigt (Malmedy Massacre Investigation, Hearings before a subcommittee of the committee etc. Library of the Congress 1949, S. 1445, 1446, 1483). An diesem Beispiel sollten der Kommission die Besonderheiten des „psychological approach" verdeutlicht werden. Diese Befragungsmethode war bei Christ erfolgreich im Sinne der Anklage angewendet worden, sein Verhör galt als Durchbruch („break through") bei den Ermittlungen. Baldwin hielt ihn für einen der bedeutendsten Zeugen („one of the most important witnesses") des ganzen Prozesses. Die Verurteilten selbst wurden von der Kommission nicht angehört.

Aufschlussreich für das Verständnis der damaligen politischen Situation ist die folgende Einschätzung der Baldwin-Kommission zum Hintergrund der zahlreichen Anträge und Eingaben gegen die Dachauer Urteile (Hearings before a Subcommittee of the Committee on Armed Services etc., Malmedy Hearings, US Printing Office, Washington 1949):

„Beweiskräftige Zeugenaussagen scheinen den Verdacht zu bestätigen, dass Interessengruppen innerhalb Deutschlands aus den verständlichen Versuchen der Kirchen und der Verteidiger Nutzen ziehen wollen, um die amerikanischen Besatzungstruppen ganz allgemein in Misskredit zu bringen. Ein Versuch auf breiter Basis ist durch die Angriffe auf die Kriegsverbrecherprozesse im Allgemeinen und den Malmedy-Prozess im Besonderen gemacht worden. Der Ausschuss ist davon überzeugt, dass es sich hierbei um einen organisierten Versuch zur Wiederbelebung des nationalistischen Geistes in Deutschland handelt."

Der deutsche Militärhistoriker Jens Westemeier (2013) und andere Autoren schlossen sich dieser Deutung in späteren Veröffentlichungen an.

Im Falle Friedrich Christ legte auch die Baldwin-Kommission wie schon zuvor die Simpson-Kommission die Aufhebung des Todesurteils und die Umwandlung in eine Freiheitsstrafe nahe. Das diesbezügliche Dekret findet sich als Anlage zum Kommissionsbericht. Am 28. März 1949 teilte General Clay, der zuständige Militärgouverneur der amerikanischen Besatzungszone Deutschlands, der Öffentlichkeit die Umwandlung der Strafe von Friedrich Christ in lebenslange Haft mit (European Command Headquarters, Public Information Division, in Malmedy Hearings 1949). Gründe hierfür wurden in der Pressemitteilung im Einzelnen genannt:

> „Christ, a 1rst Lieutenant of the First SS Panzerregiment was convicted for having instructed his company on 15. December to take no prisoners and on 17th December at crossroads south of Malmedy ordered prisoners to be shot. Christs guilt is established in his own extrajudicial sworn statement and submitted at the trial and corroborating testimony of 8 witnesses, 7 of which were coaccused. All of these witnesses have retracted their statements … and all but one have alleged, that their statements were made under force and duress. There is no direct evidence other than that to conclusively prove the full guilt of Christ. Thus, if the evidence is excluded which may have been obtained by improper methods, there remains no direct evidence of guilt. [...] To my mind, Christ was a principal in these murders. I believe as does the Judge Advocate, that he was a leading participant. [...] Excluding this evidence in its entirety in as far as direct participation of Christ is concerned, there is no doubt that he was present and circumstantially did nothing to prevent these murders. It is with reluctance but with the firm aim of fairly administered justice that I commute the death sentence in life imprisonment."

Clay führt also aus, dass die Zeugenaussagen, auf denen die ursprüngliche Verurteilung Christs beruhte, sämtlich im Laufe der Überprüfungen zurückgezogen worden seien. Wenn man diese Aussagen also ausschließe, bleibe kein schlüssiger Beweis für eine volle Schuld. Dennoch werde Christ weiterhin für einen führenden Teilnehmer an den Verbrechen und innerhalb der verbrecherischen Organisation gehalten. Es bestehe kein Zweifel, dass er anwesend gewesen sei und nichts getan habe, die Morde zu verhindern. Eine lebenslängliche Haft könne daher ohne Zögern befürwortet werden. Die Begründung zielt also jetzt nicht mehr auf direkte Taten ab, sondern auf Unterlassungen als Vorgesetzter und auf die Organisationszugehörigkeit. Die Frage der Weitergabe eines verbrecherischen Befehls wurde nicht mehr thematisiert.

Als die Baldwin-Kommission im September 1949 ihren Bericht vorlegte, hatte sich auch die politische Großwetterlage verändert, aus dem ehemaligen Feind Deutschland war mit der Zeit ein Verbündeter im Kalten Krieg geworden. Juristische Fragen wurden allmählich zu politischen Themen. So war der amerikanischen Regierung daran gelegen, die deutsche Regierung Adenauer zu unterstützen, die zur Weiterführung der von ihr betriebenen Westintegration der Bundesrepublik Deutschland seinerzeit noch auf rechtsnationale Parteien wie die Deutsche Partei, die die Dachauer Prozesse scharf kritisierte, angewiesen war. Auch höchste kirchliche Kreise, so der katholische Bischof Dr. Johannes Neuhäusler, der prominente katholische Kardinal Joseph Frings und der evangelische Bischof Theophil Wurm, sogar Bundespräsident Theodor Heuss und führende Persönlichkeiten der FDP, so Justizminister Thomas Dehler, setzten sich weiterhin für die verbliebenen Gefangenen mit Memoranden und Petitionen ein. Die Todesstrafe war in der Bundesrepublik inzwischen durch das Grundgesetz abgeschafft worden (1949), ausdrücklich mit der Begründung, dass sich das Töten der Kriegs- *und* der Nachkriegszeit nicht wiederholen dürfe. Hier wurde also auf die Hinrichtungen in Landsberg angespielt. Dahinter stand die Absicht, die alliierten Militärgerichtsprozesse als „Siegerjustiz" in Misskredit zu bringen und eine Aufhebung der noch bestehenden amerikanischen, britischen und französischen Todesurteile zu erreichen.

Die politischen Änderungen führten, zumal weitere juristische Überprüfungen nicht mehr zulässig waren, zusammen mit den Berichten der Simpson- und der Baldwin-Kommission am 31. Januar 1951 zu Abmilderungen zahlreicher weiterer Urteile auf dem Gnadenweg und zur Umwandlung aller noch gültigen Todesstrafen aus den Nürnberger und Dachauer Prozessen durch Hochkommissar John McCloy (zuständig für die Nürnberger Verurteilten) und General Thomas Handy (zuständig für die Dachauer Verurteilten). Als Folge davon kam es unter Einbeziehung von bereits verbüßter Haftzeit und guter Führung zu zahlreichen sofortigen Entlassungen. Dies wiederum führte bei Teilen der amerikanischen Öffentlichkeit zu Empörung wegen „massenweiser Freilassung von Naziverbrechern".

In den Genuss der nun ausgesprochenen Begnadigungen kamen auch zahlreiche Malmedy-Verurteilte. Dies betraf Joachim Peiper und weitere fünf Männer seiner Truppe. Der zuständige Oberkommandierende der amerikanischen Streitkräfte schreibt dazu, bezogen auf die Malmedy-Verurteilten, in einer Pressemitteilung (Information Services Division, Office of the US High Commissioner for Germany, Landsberg 1951):

> „Die Umwandlung der Todesstrafen bedeutet nicht, dass auch nur der geringste Zweifel an der Schuld irgendeines der Angeklagten für die zur Last gelegten Vergehen besteht. [...] Die Umwandlung der Strafen ist auf Grund anderer Umstände erfolgt, die für eine weniger harte Strafe als den Tod sprechen. Einmal sind die Vergehen mit einer verwirrten, beweglichen und verzweifelten Kriegshandlung verbunden, dem letzten Versuch, das Kriegsglück zu wenden. [...] Diese Verbrechen unterscheiden sich klar von den mit Vorbedacht begangenen Morden in Konzentrationslagern. Außerdem hatten diese Gefangenen einen verhältnismäßig niedrigen Rang. Ich kann nicht die Tatsache außer Augen lassen, dass der betreffende Armeekommandeur, sein Stabschef und andere nur zu Gefängnisstrafen verurteilt wurden."

An dieser Stelle werden also Fragen der Angemessenheit des Strafmaßes im Vergleich zu anderen Urteilen thematisiert.

Inzwischen waren die deutsch-amerikanische Annäherung und die Aussöhnung vor dem Hintergrund des Kalten Krieges, der zunehmenden Ost-West-Konfrontation zwischen den ehemals verbündeten Siegermächten des Zweiten Weltkriegs, bereits deutlich fortgeschritten, und der Deutschlandvertrag vom Mai 1952 sah einen schrittweisen Abbau der Besatzungsregime in der Bundesrepublik vor. Im Jahre 1954 wurde nach Neuformulierung des Vertrags der Besatzungsstatus vollends aufgehoben. Damit bedurfte auch das Problem deutscher, nach amerikanischem Recht verurteilter Gefangener in amerikanischem Gewahrsam auf deutschem Territorium dringend einer politischen Lösung. Es wurde 1955 ein multilateraler Ausschuss gebildet, das sogenannte Mixed Parole and Clemency Board. Ihm gehörten westalliierte und deutsche Sachverständige, jedoch keine Regierungsvertreter oder zuvor mit den Prozessen befassten Personen an. Deren Aufgabe war es, Empfehlungen für die Begnadigung und vorzeitige Entlassung aller noch in alliierten Gefängnissen Einsitzenden zu erarbeiten. Als dieser „Gemeinsame Gemischte Bewährungs- und Gnadenausschuss" seine Arbeit aufnahm, befanden sich noch 302 Verurteilte in US-Gewahrsam, allerdings waren nur noch vierzig davon tatsächlich im Gefängnis, die meisten waren bereits unter Vorbehalten entlassen und unter Parole-Aufsicht gestellt worden. Das Parole-System ähnelt einer Entlassung auf Bewährung, d.h., im Prinzip galt die Verurteilung trotz Entlassung weiter (Sigl 1992, Sigl 2007). In den beiden folgenden Jahren regelte der Ausschuss die Schicksale sämtlicher noch verbliebener Inhaftierter.

Gefängnis

Alle Verurteilten der Dachauer Prozesse waren für die gesamte Dauer ihrer Haftzeit im „War Criminal Prison No. 1" in Landsberg am Lech inhaftiert. Der bei den Alliierten übliche Ausdruck „War Criminal" umfasst nicht nur Kriegsverbrechen im herkömmlichen Sinne, sondern schließt NS-typische Verbrechen der Vorkriegs- und Kriegszeit (z. B. Judenvernichtung, Tötung von psychisch Kranken und Behinderten) mit ein. Er lässt sich im Deutschen mit den Umschreibungen „verurteilte NS- und Kriegsverbrecher" oder „Kriegs- und NS-Verurteilte" wiedergeben. Diese begriffliche Trennung ist zur inhaltlichen Analyse sicherlich nützlich, sie gilt aber nicht absolut. Viele deutsche Kriegsverbrechen sind nicht ohne gedankliche Miteinbeziehung der NS-Ideologie verständlich. So können die Malmedy-Vorgänge als „SS-typische Kriegsverbrechen" angesehen werden.

Abb. 12: Justizvollzugsanstalt Landsberg am Lech 2016,
ehemals War Criminal Prison No. 1

Die seit dem 19. Jahrhundert existierende bayerische Justizvollzugsanstalt in Landsberg am Lech, in der übrigens auch schon
Adolf Hitler 1923/24 eingesessen hatte, wurde am 27. Mai 1945
von den amerikanischen Besatzungstruppen übernommen und
für eine kurze Zeit parallel als deutsches und amerikanisches
Gefängnis genutzt. Sie wurde dann zügig zur zentralen US-amerikanischen Haftanstalt ausgebaut und ab 1. Januar 1947 als ausschließlich amerikanische Militäreinrichtung weitergeführt. Allein
zwischen April und Oktober 1946 wurden im Rahmen der Kriegs-
und NS-Verbrecherprozesse mehr als dreihundert Häftlinge neu
eingeliefert. Unter ihnen befand sich auch Friedrich Christ. Ende
1948 war die Anstalt mit knapp eintausend Personen belegt, im
Mai 1949 war die Zahl auf ca. 750, bis Juni 1951 auf etwas mehr
als fünfhundert Personen gesunken. Ende 1955 hatte sie nur noch
34 Insassen, Ende 1956 noch 29 und Ende 1957 noch elf. Bei den
beinahe ausschließlich männlichen Häftlingen handelte es sich
überwiegend um Verurteilte der Nürnberger Prozesse, der Nürnberger Nachfolgeprozesse und der Dachauer Prozesse.

Das War Criminal Prison No. 1 wurde im Januar 1959 nach
Entlassung der letzten Insassen Ende 1958 als amerikanisches
Militärgefängnis geschlossen. Das Gebäude wurde an die bayerische Justizverwaltung zurückgegeben, es dient weiterhin als Justizvollzugsanstalt.

Das Personal der Anstalt bestand in den späten 1940er Jahren
aus wenigen US-Offizieren und Mannschaften, einigen deutschen
Zivilbeschäftigten, hierunter zwei Gefangenenseelsorgern, und
einer etwa 170-köpfigen polnischen Wachmannschaft. Hierbei
handelte es sich um Personen, die aus verschiedenen Gründen
nach dem Krieg nicht in ihre inzwischen kommunistisch gewordene polnische Heimat zurückkehren wollten oder konnten (dis-
placed persons) und denen die Verleihung der amerikanischen
Staatsbürgerschaft in Aussicht gestellt worden war.

Im Gefängnis Landsberg wurden auch sämtliche Todesurteile der Dachauer und Nürnberger Prozesse vollstreckt. Die Todeskandidaten saßen unter verschärften Sicherheitsbedingungen in Einzelhaft in einem separaten Gebäudeflügel, dem Death-Block. Sie mussten eine rote Jacke tragen und, zumindest in den ersten Jahren, beinahe zu jeder Zeit mit ihrer Hinrichtung rechnen. Dies traf auch für Christ in seinen ersten drei Gefängnisjahren zu. Die zum Tode Verurteilten konnten sich nicht, wie die übrigen Gefangenen, tagsüber innerhalb des Gefängnisses frei bewegen. Erst 1949 wurden die Bedingungen für sie erleichtert. Ob und in welchem Umfang sie an den zur Rehabilitation gedachten Maßnahmen teilhaben konnten, ist nicht überliefert.

Die Organisation des Strafvollzugs wird als ungewöhnlich großzügig und liberal beschrieben (Frei 2012). Sie war „in wesentlichen Bereichen für die damalige Zeit progressiv" und trug dem Gedanken der Rehabilitation und Demokratieerziehung Rechnung (Raithel 2009). Darüber hinaus kann das Konzept der Amerikaner auch politisch verstanden werden. Man wollte zeigen, dass die Besatzungsmacht nicht auf Rache sann, sondern den Verlierern des Krieges und selbst den Kriegsstraftätern Gelegenheit gab, sich konstruktiv am Aufbau der deutschen Nachkriegsgesellschaft zu beteiligen.

Seit 1947 existierte die „Landsberg Prison School". Hier dienten Gefangene mit höherer Bildung als Dozenten, was durchaus von den Amerikanern im Sinne der Resozialisierung und im Sinne der inzwischen eingetretenen veränderten Haltung zu Deutschland (vom Gegner zum Verbündeten) geduldet und gefördert wurde. Der frühere Kommandant der „Einsatzgruppe Peiper", Joachim Peiper, war aktiv daran beteiligt und fungierte ab 1954 als Leiter der Gefängnisschule. Gefangene konnten sich auf Schulabschlüsse vorbereiten und an Kursen auf Universitätsniveau teilnehmen. Die Schule war vom Bayerischen Staatsministerium für Kultur und Unterricht als Volkshochschule anerkannt. Es gab bis zu zwanzig Werkstätten bzw. Lehrwerkstätten (Gärtnerei, Druckerei, Zeitungsverlag etc.). Es konnten auch formale Qualifikationen erworben werden. Die Prüfungen waren staatlich anerkannt und fanden vor einer externen Prüfungskommission statt. Die Zeugnisse enthielten keinen Hinweis auf den Gefangenenstatus der Geprüften. Die Bilanz ist erstaunlich: Insgesamt wurden 73 Gesellenprüfungen abgelegt, eine Meisterprüfung, sechzehn Dolmetscherexamen. Außerdem wurden u. a. folgende Prüfungen abgenommen: Abitur, Mittlere Reife, Vorphysikum des Medizinstudiums, Latinum für Juristen. Fast alle Inhaftierten nahmen an den Bildungsangeboten teil. Auch eine Bibliothek und Sportmöglichkeiten waren vorhanden, es wurden regelmäßig aktuelle Filme gezeigt und Konzerte veranstaltet. Die medizinische Betreuung wird als gut beschrieben, inhaftierte Ärzte durften sich beruflich betätigen und sogar operieren.

Auch Friedrich Christ, der ja als Jugendlicher von siebzehn Jahren ohne Berufsausbildung den SS-Dienst begonnen hatte und 1955, nach achtzehn Jahren Vorkrieg, Krieg und Gefängnisaufenthalt, also erst im Alter von 35 Jahren, in das Zivilleben eines Erwachsenen eintreten sollte, erlernte in der Gefängnisschule die Grundlagen seiner späteren erfolgreichen beruflichen Laufbahn als Elektroingenieur. Es ist anzunehmen, dass Christ ab dem Zeitpunkt der Umwandlung seiner Todesstrafe in lebenslängliche Haft, also ab März 1949, an Bildungsmaßnahmen teilnehmen konnte. Jedenfalls sind ab dem 30. März 1949 folgende Arbeitseinsätze im Gefängnis dokumentiert: Fahrbereitschaft, Elektrowerkstatt, Bautruppe, Heizung, Gärtnerei. In seiner Gefängnisakte findet sich ein handschriftliches Gesuch vom September 1953 an die Anstaltsleitung, in welchem Christ um einen größeren Tisch für seine Zelle bittet, den er im Rahmen seiner Ausbildung für Bauzeichnungen und Ähnliches benötige. Im gut frequentierten

Lernraum der Anstalt finde er nicht die nötige Ruhe. Dem Gesuch wurde stattgegeben. Am 2. Mai 1954 legte Christ seine Meisterprüfung im Elektrohandwerk ab.

Die Gefangenen durften regelmäßig Briefe und Pakete (in begrenzter Anzahl) empfangen und Briefe schreiben. Von den ursprünglich zahlreichen Briefen Christs an seine Mutter ist nur ein einziger vom Februar 1949 erhalten. Zu dieser Zeit galt für Christ noch die Todesstrafe, die Umwandlung in eine lebenslange Haftstrafe erfolgte wenige Monate später. Der Brief ist in mikroskopisch kleiner, aber gut lesbarer Schrift geschrieben, es soll jeweils nur ein Bogen Papier zugeteilt worden sein. Christ berichtet über neuerliche Vollstreckungen von Todesstrafen und zeigt sich gut informiert über die dadurch ausgelöste Diskussion in den Medien, u. a. durch einen Artikel in der Zeitung „Stars and Stripes". Er hoffe auf weitere Begnadigungen und sehe hierfür auch Anzeichen, z. B. in Formulierungen der Berichterstattung. Weitere Teile des Briefes beziehen sich auf die Post- und Paketregeln sowie auf persönliche und Familienangelegenheiten. Die Gefangenen durften auch in größeren Abständen von ihren Angehörigen Besuch erhalten. Dies fand an vorbestimmten Besuchstagen für alle Besuchergruppen gleichzeitig in einem großen Raum unter Bewachung durch das Gefängnispersonal statt. Die Gefangenen trugen hierbei Zivilkleidung und befanden sich aus Sicht der Besucher hinter einer Art Balustrade.

Die Außenkontakte Friedrich Christs sind im überlieferten Teil der Gefängnisakte protokolliert. Er erhielt regelmäßig (bis zur Grenze des mengenmäßig Erlaubten) Besuche, Briefe und Pakete von seiner Mutter, seiner Schwester und deren Mann, außerdem bis zumindest 1954 von zwei Frauen mit Wohnsitz anfangs in Berlin, später in Westfalen bzw. in Bremen, die als „Verlobte" und „zukünftige Schwiegermutter" bezeichnet wurden. Später tauchen deren Namen nicht mehr auf, den noch lebenden Angehörigen von Christ waren sie nicht bekannt. Auch sonst unterhielt Christ im Rahmen des Möglichen Kontakte zu vielen Personen, darunter weitere Verwandte und Bekannte, auch Rechtsanwälte, Firmen und Verbände im Rahmen der Arbeitsplatzsuche für die Bewährungszeit. Der Name der späteren Lebensgefährtin taucht seit 1948 bei Briefen und Paketen auf. Besuche von ihr im Gefängnis sind nicht verzeichnet. Die erste persönliche Begegnung fand erst nach der Entlassung Christs aus dem Gefängnis statt. Der Name der Mutter des 1944 in einem Lebensbornheim geborenen und in Obhut des Lebensborn verbliebenen Sohnes von Christ taucht lediglich einmal auf. Ihr Brief (1951) blieb anscheinend unbeantwortet. Der Vater dieser Frau schrieb zweimal an Christ wegen Angelegenheiten seines Enkelsohnes, welchen er 1947 in seinen Haushalt aufgenommen hatte. Von diesen Briefen ist einer andernorts erhalten, ebenso die Antwort von Christ, der bereits in seiner Gefängniszeit und auch später regelmäßig Unterhalt zahlte. Sonstige Kontakte Christs zu seinem Sohn während der Gefängnis- und Bewährungszeit sind nicht dokumentiert, ebenso keine Reaktion auf den frühen Tod der Mutter seines Sohnes im April 1955.

Noch während seiner Haftzeit, etwa 1952 oder früher, stellte Christ einen Antrag auf Anerkennung von Wehrdienstbeschädigungen (WdB) und auf eine Versorgungsrente. Die erhaltenen medizinischen Unterlagen aus dem Gefängnis dokumentieren Verletzungsfolgen in Form von vielfältigen Narben, aber keine daraus folgenden schwerwiegenden Funktionsstörungen, etwa der Bewegungsorgane oder der Sinnesorgane. Während der Haftzeit war er im Wesentlichen gesund, dokumentiert sind Mandelentfernung, Schilddrüsenüberfunktion (rein klinisch diagnostiziert) und Extensionshandlungen wegen wiederkehrender Rückenbeschwerden. Das Versorgungsgutachten des (deutschen) Anstaltsarztes vom 31. August 1953 bestätigt die bekannten Befunde und schlägt eine

WdB von 40 vor. Dem schließt sich das zuständige Amt nicht an und gibt ein hals-nasen-ohrenärztliches Fachgutachten in Auftrag. Dieses erkennt zwar eine geringe Gehörschädigung und bestätigt sie als WdB, sieht hierdurch aber keine Minderung der Erwerbsfähigkeit (MdE) gegeben. Ein zusätzliches (mutmaßlich chirurgisches) Fachgutachten bestätigt Wirbelsäulenschäden, welche eine MdE von 20 rechtfertigten, diese seien aber keine Wehrdienstbeschädigung, sondern anlagebedingt. Gegen diese Beurteilung und somit gegen die Ablehnung einer Versorgungsrente legte Christ durch Rechtsanwalt Engelhard beim Versorgungsamt München Widerspruch ein. Dieser begründet dies mit dem Argument, dass die Eigentümlichkeiten des Wehrdienstes in sechs Jahren Kriegsdienst geeignet seien, eine richtungweisende Verschlechterung anlagebedingter Störungen zu verursachen. Es wird ein spezielles Zusammenhangsgutachten empfohlen. Der weitere Fortgang der Angelegenheit und der Ausgang des Verfahrens konnten leider nicht in Erfahrung gebracht werden. Anscheinend war aber noch im November 1956 eine Berufungsklage des Anwalts in München anhängig.

Einem Entnazifizierungsprozess vor einer deutschen Spruchkammer brauchte Friedrich Christ sich nicht zu unterziehen, da der amerikanische Kriegsgerichtsprozess mit anschließender Verurteilung grundsätzlich als abgeschlossene Entnazifizierung galt und diese Verfahren bei Entlassung Christs aus der Haft 1955 ohnehin offiziell eingestellt (seit April 1951) waren.

Nicht erst während der langen Haftzeit in Landsberg, sondern schon zuvor während der Internierung (Ternberg, Ebensee, Zuffenhausen, Dachau) und im Untersuchungsgefängnis Schwäbisch Hall hatten sich alte Kameradschaften des 1. SS-Panzerregiments wiedergetroffen. Es habe dort eine Atmosphäre geherrscht, als ob der Nationalsozialismus weiterlebe (Remy 2017). Solange während der Untersuchungshaft die Unterbringung noch gemeinschaftlich erfolgte, sollen innerhalb der ehemaligen Einsatzgruppe Peiper alte Kommandostrukturen weiterbestanden haben mit Absprachen z. B. über die Aussagen im Verhör und über Verteidigungsstrategien. Dies wurde dann durch die amerikanischen Behörden unterbunden, indem Einzelhaft verhängt und andere Methoden der Isolierung angewandt wurden. Später, nach dem Abschluss des Prozesses, bestand während der Haftzeit wieder ausgiebig Gelegenheit zu Kontakten.

Da als Verurteilte der Nürnberger und anderer Prozesse auch Zivilpersonen einsaßen, insbesondere Spitzenleute der deutschen Industrie, denen Beteiligung an Kriegsverbrechen nachgewiesen worden war (Krupp, Flick und weitere), sowie auch frühere hohe Reichsbeamte, konnten Netzwerke entstehen, die über SS-Zugehörigkeit und gemeinsame militärische Erfahrungen weit hinausgingen. Sie erwiesen sich bei den späteren zivilen Karrieren der kriegsverurteilten SS-Leute als nützlich. Viele von ihnen fanden schon bald nach ihrer Entlassung gute Posten, z. B. in der wieder aufblühenden deutschen Industrie. So arbeitete auch Peiper später bei Porsche und VW, der Mitverurteilte Gustav Knittel bei Opel. Kritiker sprechen von einem „System Landsberg".

Im Jahre 1951 gründete sich der als gemeinnützig anerkannte Verein „Stille Hilfe für Kriegsgefangene und Internierte". Er unterstützte die Verurteilten und andere ehemalige SS-Mitglieder bei Gnadengesuchen oder Anträgen, aber auch finanziell und moralisch. Eine in konservativen Kreisen gut vernetzte führende Persönlichkeit wurde sogar als „Mutter der Landsberger" tituliert. Darüber hinaus verfolgte der Verein auch politische Ziele wie die Rehabilitierung der SS. Dies geht bereits aus der Namensgebung hervor: Die Kriegs- und NS-Verurteilten wurden mehr als Opfer denn als Täter angesehen. Der Verein konzentrierte sich anfangs auf die Unterstützung vor allem der Landsberger Gefängnisinsassen. In späteren Jahren wurde er zunehmend revisionistisch und rechtsradikal. Er engagierte sich z. B. in späteren NS-Prozessen der Bundesrepublik auf Seiten der Angeklagten und verfügte

zeitweise über beträchtliche Geldmittel durch Spenden revisionistisch gesinnter Kreise. Erst 1999 wurde die Gemeinnützigkeit
aberkannt, und seit ca. 2012 sind keine Aktivitäten mehr bekannt.

Kirchliche Kreise engagierten sich ebenfalls für die Kriegsverurteilten. Ein Verein für christliche Gefangenenhilfe, gegründet
von dem katholischen Weihbischof Neuhäusler und dem evan-
gelischen Landesbischof Wurm, war in den späten 1940er Jahren
aktiv und wurde später durch den Rechtsanwalt Dr. Rudolf
Aschenauer, welcher Angeklagte des Malmedy-Prozesses wiederholt in Gerichts- und Überprüfungsverfahren vertreten hatte,
in die rechtsnationalistisch orientierte „AG Recht und Wirtschaft"
überführt. Die Rechtsanwälte Aschenauer und Leer waren auch
Mitglieder des 1949 gegründeten „Heidelberger Juristenkreises",
der sich für die deutschen NS- und Kriegsverurteilten einsetzte.
Aschenauer war auch Mitinitiator des 1951 gegründeten deutsch-
alliierten Gnadenausschusses.

Auch die Betroffenen selbst organisierten sich. Aus dezentralen
örtlichen Initiativen an verschiedenen Stellen in Deutschland ging
1950 (nach Aufhebung des alliierten Organisationsverbots) die
„Hilfsgemeinschaft auf Gegenseitigkeit, Bundesverband der Soldaten der ehemaligen Waffen-SS e.V." (HIAG) hervor. Es handelte
sich um einen Dachverband der Veteranen der Waffen-SS. Es wird
geschätzt, dass es Ende der 1950er Jahre noch etwa 250.000 Veteranen der SS in Deutschland gab. Der Verband hatte zeitweise bis
zu 20.000 Mitglieder. Er diente, vor allem anfangs und nach außen,
der praktischen Interessenvertretung, zum Beispiel bei der Klä-
rung von Versorgungsansprüchen oder bei Vermisstenfragen.

Insbesondere engagierte sich die HIAG für die Rehabilitierung der Waffen-SS. Dazu gehörte u.a. der Wunsch, dass die Bundesrepublik die Vorkriegsoffiziere als „Berufssoldaten" nach dem
„Gesetz zur Regelung der Rechtsverhältnisse der unter Artikel 131
des Grundgesetzes fallenden Personen" anerkennen möge. Mit

diesem Gesetz wurde die Rechtsstellung der Beamten und sonstiger Staatsbediensteter, also auch der Soldaten, die *vor* dem 8. Mai 1945 berufen worden waren, gegenüber der neu gegründeten Bundesrepublik Deutschland geregelt. Begünstigt durch dieses Gesetz wurden vor allem Beamte, Hochschullehrer und Soldaten aus den Vertreibungsgebieten und weitere Personen, die kriegsbedingt beschäftigungslos oder ohne Versorgung waren. Das Gesetz erweiterte durch mehrere Ergänzungen sukzessive den berechtigten Personenkreis, wobei sogar Leute der Geheimen Staatspolizei (Gestapo) nicht gänzlich ausgeschlossen blieben. Im Jahre 1961 erzielte die HIAG einen Teilerfolg bei ihrem Kampf für die Einbeziehung aller ehemaligen Berufssoldaten der SS, kämpfte aber weiterhin um die Rechte von etwa 1.500 Personen. Wie die alliierten Kriegsverurteilten letztlich in dieser Angelegenheit behandelt wurden, war nicht zu klären. Friedrich Christ gehörte zumindest bis zum Ende seiner Haftzeit 1955 nicht zu dem begünstigten Personenkreis.

Im Inneren diente die „Hilfsgemeinschaft auf Gegenseitigkeit" der geistigen Verortung der Mitglieder durch soziale Interaktion mit Menschen gleicher spezifischer Sozialisation. Vertraute Interaktionsformen, Praktiken und Zeremonien, sprachliche Codes und gegenseitige Rollenerwartungen wurden weitergepflegt oder wieder aufgenommen. Es gab auch ein „Referat für Kriegsverurteilte", über dessen Aktivitäten wenig bekannt ist. Der Verein hatte also einen Doppelcharakter als Nachfolgeorganisation der SS und als Veteranenverband (Wilke 2010). In späteren Jahren, etwa ab 1979, nachdem die Ausstrahlung der Fernsehserie „Holocaust" heftige öffentliche Diskussionen ausgelöst hatte, wurden zunehmend rechtsradikale Einstellungen innerhalb des Verbandes deutlich. Der Verein wurde vom Verfassungsschutz beobachtet und löste sich 1992 auf.

Inwieweit Friedrich Christ während seiner Haftzeit in Kontakt mit den genannten Vereinigungen stand, ist nicht bekannt, ebenso wenig, ob er später einem dieser Verbände angehörte oder von ihren Serviceangeboten Gebrauch machte, z. B. in Rentenfragen wegen Anerkennung von SS- und Haftzeit. Die leider nur unvollständig überlieferten Aufzeichnungen aus dem Kriegsverbrechergefängnis Landsberg dokumentieren unter den zahlreichen Brief- und Telefonkontakten Christs lediglich einen einzigen Brief von der HIAG und auch nur eine eingehende Paketsendung von dort, 1953 und 1954, beides in zeitlicher Nähe zu Bemühungen Christs um eine Versorgungsrente. Briefe von Christ an die HIAG oder Telefonate nach dort sind nicht verzeichnet.

Begnadigungsverfahren und Bewährungsaufsicht

Auch die deutsche Regierung war um die Inhaftierten in alliierten Gefängnissen bemüht. Von 1950 bis 1970 existierte die Zentrale Rechtsschutzstelle, die zunächst dem Bundesjustizministerium, später dem Auswärtigen Amt zugeordnet war. Ihre Aufgabe war der Rechtsschutz für Deutsche, die von nichtdeutschen Gerichten wegen NS- und Kriegsverbrechen angeklagt oder verurteilt waren. Diese Dienststelle nahm ihre Aufgabe im Sinne einer revisionistischen Geschichtsauffassung und im Bestreben einer Rehabilitation der SS und der Wehrmacht wahr. Sie wurde von einem ehemaligen NSDAP-Angehörigen geführt, der im Krieg Staatsanwalt am Sondergericht Breslau gewesen war.

Sondergerichte waren im NS-Staat Gerichte außerhalb der ordentlichen Gerichtsbarkeit und außerhalb der Militärgerichtsbarkeit. Grundlage für ihre Tätigkeit war die NS-Ideologie mit ihrer besonderen Rechtsauffassung. Die Vorstellung der rassischen Ungleichheit und Ungleichwertigkeit der Menschen hatte Verfassungsrang, Führerbefehle hatten Gesetzesgeltung, es bestand formal-rechtliche Wehrlosigkeit gegenüber Gesetzen willkürlichen oder verbrecherischen Inhalts. Moral und Gesetz wurden gleichgesetzt und so die weltanschauliche Umdeutung moralischer Prinzipien bewirkt. Die Sondergerichte verhängten Todesstrafen, lange Zuchthausstrafen oder Inhaftierungen in Konzentrationslagern wegen – nach herkömmlicher Auffassung – oft geringfügiger Tatbestände, z. B. Diebstahl wertloser Kleidung bei einem Luftangriff oder eine Liebesbeziehung zu einer polnischen Zwangsarbeiterin. Moralische Verfehlungen im Sinne der NS-Ideologie wurden als militärischer Ungehorsam angesehen und als solcher drakonisch bestraft.

Die Zentrale Rechtsschutzstelle war bestrebt, die Interessen der Inhaftierten umfassend wahrzunehmen. Sie sorgte unter anderem für Haftentschädigungen für verurteilte SS- und Wehrmachtsangehörige. Sie warnte systematisch Betroffene, die im Ausland wegen Kriegsverbrechen auf der Fahndungsliste standen, vor dem Besuch dieser Länder. Zu diesem Zweck ließ sie die betreffenden Personen sogar durch den Suchdienst des Roten Kreuzes aufspüren.

Friedrich Christ stellte im Juni 1950 bei der Rechtsschutzstelle einen Antrag auf „Rechtshilfe für deutsche Gefangene in ausländischem Gewahrsam". Dabei ging es um die Rechtsvertretung bei einem geplanten Gnadengesuch. Weitere *juristische* Überprüfungen der Urteile von 1946 wurden von den amerikanischen Behörden zu diesem Zeitpunkt nicht mehr zugelassen.

Noch im gleichen Jahr, 1950, reichte Christ beim amerikanischen Oberbefehlshaber ein ausführlich begründetes Gnadengesuch ein. Das darauf folgende Begnadigungsverfahren durchlief mehrere Etappen und dauerte insgesamt bis zum November 1957. Zunächst war noch die amerikanische Militärgerichtsbarkeit, später der Gemischte Gnadenausschuss zuständig. In dieser Zeit wurde Christ, wie zahlreiche andere Mitverurteilte auch, zunächst durch den bekannten, zum Heidelberger Juristenkreis gehörenden

Anwalt Dr. Rudolf Aschenauer vertreten, später durch den weiter oben bereits erwähnten Dr. Eberhard Engelhard aus Nürnberg.

Für dieses Verfahren wurden zahlreiche Zeugen des ursprünglichen Gerichtsverfahrens, zumeist ehemalige Mitangeklagte, erneut von den jeweils zuständigen Wohnsitz-Amtsgerichten angehört und vereidigt. Auch neue Zeugen wurden hinzugezogen, beispielsweise Zivilisten, die im Untersuchungsgefängnis in Schwäbisch Hall gearbeitet hatten und zu den dortigen Verhältnissen befragt wurden. Zusätzlich wurden Leumundszeugnisse von ehemaligen Lehrern und Mitschülern eingeholt. Somit zog sich das Verfahren über längere Zeit hin, zumal der Wohnsitz vieler Zeugen mühsam recherchiert werden musste und alle Dokumente in bis zu sechs Ausführungen auf Deutsch und Englisch vorzulegen waren.

Insgesamt bestätigen diese neuen Aussagen das bereits bekannte Bild: Unrechtmäßige Handlungen Christs oder verbrecherische Befehle wurden von keinem der Zeugen mehr angegeben, vielmehr war jetzt die Tendenz deutlich, ihn als guten Vorgesetzten und Kameraden darzustellen. Frühere anderslautende Aussagen wurden mit Druck und Einschüchterung im Untersuchungsgefängnis Schwäbisch Hall erklärt. Von ausgesprochener Folter im Gefängnis war jetzt nirgendwo mehr die Rede. Eine solche konnte auch aus den Aussagen der neuen zivilen Zeugen nicht herausgelesen werden. Allerdings wurden fragliche bis teilweise ungesetzliche Verhörmethoden erneut deutlich, wie sie ja auch schon von der Baldwin-Kommission anerkannt worden waren.

Diese erneuten Aussagen bereits früher verhörter Zeugen zeigen deutlich, wie sehr der Tenor einer Aussage vom beabsichtigten Zweck geprägt wird. Dies vorausgeschickt fällt allerdings auf, dass sich mehrere Zeugen relativ ausführlich zu einer Ansprache Christs äußerten, die er an seine Truppe am 15. Dezember 1944, also unmittelbar vor dem Beginn des ersten Einsatzes der Kampfgruppe in der Ardennenoffensive, gehalten hatte. Die von den Zeugen erinnerte Rede gleicht bis in Einzelheiten – z. B. wurde darin die Bombardierung Kölns und der Abwehr- und Aufräumeinsatz der Kampfgruppe erwähnt – und bis in die scharfe Rhetorik hinein der bekannten anderweitig überlieferten Kompanieführeransprache Peipers in seinem Gefechtsstand im Blankenheimer Wald am Vortag. Dabei muss allerdings offenbleiben, ob die Zeugen die ihnen aus anderen Quellen bekannte Rede Peipers bewusst oder unbewusst Christ in den Mund legten, denn immerhin waren seither ca. zehn Jahre vergangen, und die Angelegenheit war in zahlreichen Zusammenhängen immer wieder zur Sprache gekommen. Andererseits ist auch durchaus möglich, dass Christ die Rede Peipers tatsächlich derart detailgetreu an seine Truppen weitergegeben hatte, einschließlich des Befehls, keine Gefangenen zu machen. Christ habe betont, dass es darum gehe, deutsche Frauen und Kinder zu schützen, die Heimat zu retten, Rache zu nehmen, Panik und Terror zu verbreiten, und dass „rücksichtslos" vorgegangen werden müsse. Zwei Zeugen betonen allerdings gleichzeitig, dass Christ seine Truppe bei einer Schulung im Vorfeld des Ardenneneinsatzes ausführlich über die korrekte Behandlung von Kriegsgefangenen unterrichtet habe („So wie Ihr im Falle einer Gefangennahme auch behandelt zu werden wünschtet").

Bemerkenswerterweise fand sich, ohne erkennbaren direkten Bezug zu seiner Angelegenheit, bei den Rechtsschutzakten Christs die Kopie einer Einschätzung des Kriegsgeschichtlichen Forschungsamtes der US-Armee, Historical Division, die ihre Gültigkeit im gesamten Prozess bis hin zu den Begnadigungsverfahren behalten hat (Intelligence Note 43 vom 22. Mai 1946, Behind the German Lines): Die Unbrauchbarkeit von tausenden von Zeugenaussagen sei völlig offensichtlich. Die einen wollten sich oder andere weißwaschen, die anderen Rache nehmen, wieder andere antworteten offenkundig nach Erwünschtheit, und viele wollten sich als Militärexperten produzieren, obwohl ihr Horizont über die eigene Kleinstformation nicht hinausgereicht habe. „As a result, a really objective report is an unusual occurrence". Zu ergänzen wäre noch, dass kaum festgestellt werden kann, welches „a really objective report", ein „wirklich objektiver Bericht", ist und dass man darüber hinaus grundsätzlich zweifeln muss, ob es einen solchen überhaupt geben kann.

Im Laufe mehrerer Verhandlungsrunden des gemischten fünfköpfigen Gnadenausschusses wurde das Strafmaß Christs, dessen Todesstrafe ja bereits im März 1949 im Zuge einer juristischen Überprüfung aufgehoben worden war, im Frühjahr 1954 von lebenslänglich auf 32 Jahre Haft herabgesetzt. Die Bedeutung derartiger Verkürzungen bestand darin, dass so unter Einbeziehung guter Führung und guter Prognose vorgezogene Entlassungen „on parole", also auf Bewährung, möglich wurden.

Mit dem Ziel, seine Parole-Fähigkeit weiter vorzuverlegen und damit eine sofortige Entlassung aus dem Gefängnis zu erreichen, stellte Christ unmittelbar nach dem ersten Gnadenbescheid ein zweites Gnadengesuch. Zu diesem liegen zwei Begründungen vor. Die erste, in der deutschen Fassung datiert vom 15. Mai 1954, stammt von Anwalt Dr. Engelhard und umfasst 35 Seiten. Sie enthält im Kern nichts Neues. Zunächst werden „unbestrittene Orts- und Zeitangaben" repetiert, die sich allerdings nur auf deutsche Truppenbewegungen beziehen und in denen die unstrittig getöteten amerikanischen Soldaten und belgischen Zivilisten keine Erwähnung finden. Sodann werden die ursprünglichen Vorwürfe gegen Christ aufgelistet, die vielfältigen Zeugenaussagen referiert und neuere Aussagen hinzugefügt. Schließlich werden die Rechtsgrundlagen diskutiert, und die Ausübung des Rechts wird kritisiert. Zum Abschluss wird der Lebenslauf Christs kurz wiedergegeben, nicht ohne seine Verwundungen und die Kriegsauszeichnungen zu erwähnen und zu betonen, dass er ein aufrechter Mensch sei und zu keiner „unehrenhaften oder frivolen Handlung" fähig.

Zu diesem zweiten Gnadengesuch existiert eine zweite Begründung in Form einer durch Christ selbst verfassten neunseitigen Anlage vom 15. November 1954, welche aus Datenschutzgründen nur teilweise in den Dokumentenanhang dieses Buches aufgenommen wurde. Dieser Text wirkt deutlich sachlicher, reflektierter und intelligenter als das Schreiben des Anwalts. Im ersten Teil beschränkt sich Christ bewusst darauf, die gegen ihn verhängte Strafe mit der von Mitangeklagten zu vergleichen, denen ja gleiche Taten zur Last gelegt worden waren. Es zeige sich, dass diese milder beurteilt und fast alle bereits auf Parole oder endgültig entlassen seien. Es liege ihm fern, „den Kameraden das Glück der Freiheit zu missgönnen", aber er könne nicht erkennen, aus welchen Gründen sein Fall so viel schwerer sein solle als derjenige anderer. Es folgt eine dreiseitige Reflexion Christs über Kategorien von Kriegsverbrechen und über den Krieg. Viele Kriegsverbrechen, so Christ, seien „unter normalen Lebensverhältnissen", zumeist „sozusagen vom Schreibtisch aus", begangen worden. Weiter heißt es:

„Alle diese Komplexe unterscheiden sich grundlegend vom Malmedy-Fall darin, daß die Taten des Malmedy-Falles vom Kampfgeschehen und der jedem Kampfgeschehen zugrundeliegenden außergewöhnlichen Seelenlage des Soldaten nicht getrennt werden können. Kampfgeschehen ist seiner Natur nach Anwendung physischer Gewalt."

Es folgen Zitate von Clausewitz (Militärhistoriker des frühen 19. Jh.), Pierre Boissier (Veröffentlichungen zu Kriegsrecht, Völkerrecht, Verhinderung und Bestrafung von Kriegsverbrechen, Stuttgart 1953), Benjamin Constant (Schweizer Staatstheoretiker des frühen 19. Jh.) und Alain (Pseudonym des französischen Philosophen Émile Chartier, gestorben 1951, u. a. Verfasser einer

Streitschrift gegen den Krieg und gegen die Zumutung des soldatischen Gehorsams). Diese Zitate sind verwoben mit allgemeinen eigenen Reflexionen Christs über das Wesen des Krieges. Beispielhaft hierfür steht das folgende Zitat:

> „Weit entfernt davon, damit ein Kriegsverbrechen als solches rechtfertigen zu wollen, soll nur auf den völlig anders gearteten psychischen Hintergrund hingewiesen werden, auf dem eine solche Tat im Kampfe gegenüber solchen Taten erscheint, die in normaler Umgebung ohne jene Leidenschaftlichkeit ausgeführt werden, welche die wesensnotwendige Begleiterscheinung jeder Kriegshandlung ist. Die Seele des Soldaten im Felde, insbesondere in Kampflagen, hat eine andere Färbung als die Seele des Soldaten, Beamten oder Bürgers im Heimatgebiet."

Zum Schluss seines Schreibens weist Christ darauf hin, dass seine alte Mutter dringend seiner Unterstützung bedürfe und dass er hierzu dank seiner im Gefängnis erworbenen Qualifikation zum Elektromeister auch durchaus in der Lage sei.

Diese Ausführungen sind von besonderer Bedeutung, weil es sich hier um eines der ganz wenigen Ego-Dokumente handelt, die im Laufe der Recherchen zu diesem Text ausfindig gemacht werden konnten. Sie zeigen eine erstaunliche Reflexion Christs über die seelische Lage von Soldaten im Krieg im Allgemeinen und damit auch über seine eigene. Er sucht in der allgemeinen, des Sympathisantentums mit der NS-Ideologie jedenfalls unverdächtigen Literatur nach Erklärungen und Rechtfertigungen für Gewalt im Krieg. Man gewinnt den Eindruck, dass er versucht, zu verstehen, nicht nur das Geschehene, den Krieg, die Anklage, den Prozess, die Verurteilung, sondern vor allem auch: sich selbst. Genau weiß man es jedoch nicht. Es mag durchaus sein, dass Christ gelernt hatte, diejenigen Argumente in den Vordergrund zu stellen, von denen er sich eine günstige Wirkung auf die Adressaten seines Gnadengesuchs erhoffte. Nebenbei bezeugt dieser Text die umfassenden Bildungs- und Informationsmöglichkeiten, die den Gefangenen in Landsberg geboten wurden oder ihnen zumindest offenstanden. Hierdurch wurden sie dazu befähigt, an ihrem eigenen Verfahren mitzuwirken.

Das zweite Gnadengesuch wurde positiv beschieden, indem die Strafe im Juni 1955 auf 28 Jahre Haft herabgesetzt und damit sofortige Parole-Fähigkeit erreicht wurde. Bei der Entlassung auf Parole handelte es sich um eine Entlassung auf Bewährung mit relativ strengen Auflagen. Die Entlassenen durften einen bestimmten Bereich (zumeist Stadt oder Landkreis) nicht verlassen, mussten einer Arbeit nachgehen und sich regelmäßig melden. Vor allem waren sämtliche Kontakte zu anderen ehemaligen oder noch einsitzenden Inhaftierten verboten sowie jegliche Äußerungen über die Haftzeit, etwa in Form von Interviews, Zeitungsartikeln, Memoiren oder Ähnlichem. Es bedurfte eines Parole-Betreuers, eines Parole-Bürgen und eines Parole-Überwachers. Dieses Verfahren trug dem Gedanken der Resozialisierung und auch der Fürsorge Rechnung.

Im Gefolge des ersten Gnadengesuchs von 1950 war für Friedrich Christ im April 1954 ein Parole-Plan vorgelegt worden. Zum Parole-Überwacher wurde der Direktor eines Jugenderziehungsheims vorgeschlagen bzw. bestimmt. Dieser vermittelte Christ einen Arbeitsplatz als Elektromeister bei einer großen Firma mit 45 bis 50 Beschäftigten in Karlsruhe. Der Inhaber dieser Firma, Bundesinnungsmeister des Elektroinstallateurhandwerks, hatte zusammen mit seiner Ehefrau Christ bereits im Gefängnis in Landsberg besucht und dabei einen guten Eindruck gewonnen. Er versorgte seinen künftigen Mitarbeiter schon vor Beschäftigungsbeginn mit Fachliteratur, und die Ehefrau kümmerte sich darum, dass Christ bei der verwitweten Büroangestellten der Firma ein möbliertes Zimmer beziehen konnte. Als Parole-Betreuer wurde vom Arbeitgeber der örtliche Pfarrer, Pater Winfried, vorgeschlagen. Ob und wieweit Christ von diesem Betreuungsangebot Gebrauch machte, ist nicht bekannt. In die katholische Kirche trat er bis zu seinem Tod jedenfalls nicht wieder ein.

Der zuständige Parole-Offizier der amerikanischen Streit-kräfte, D. A. Barton, befürwortete den Plan, zumal auch der Gefängnisdirektor eine ausgezeichnete Beurteilung für Christ ausgestellt hatte. Darin wird insbesondere betont, ganz im Sinne der beabsichtigten Demokratieerziehung, dass Christ gewiss ein guter Staatsbürger werden würde. Er bescheinigte dem Gefange-nen eine „aufgeklärte Weltanschauung und Intelligenz". Schließ-lich habe dieser das Angebot zur kaufmännischen und technischen Bildung in größtmöglichem Umfang genutzt. Er sei im besonde-ren Maße vertrauenswürdig und genieße schon im Gefängnis den Sonderstatus eines „örtlich Parolierten". Als solchem war es ihm zum Beispiel gestattet, bei dienstlichen Angelegenheiten die Anstalt auch ohne Aufsicht zu verlassen. Auch hier galten aller-dings strenge Auflagen wie ein Verbot jeglicher nicht-dienstlicher Kontakte zu Zivilpersonen.

Aufgrund dieses zweiten Gnadengesuchs und nach Herabset-zung seiner Strafe auf die bereits verbüßte Zeit wurde Friedrich Christ also am Ende Juni 1955 nach insgesamt zehn Jahren Haft aus dem Gefängnis Landsberg entlassen. An seinen früheren Hei-matort Freising, wo seine Mutter und seine Schwester mit Fami-lie wohnten, wollte er wohl aus Unsicherheit und vielleicht auch Beschämung nicht zurückkehren. Er arbeitete etwa zwei Jahre als Geschäftsführer und Filialleiter der genannten Elektrofirma in Karlsruhe. Die regelmäßigen Parole-Berichte zeichnen für die Fol-gezeit sämtlich ein überaus erfreuliches Bild. In den Kommenta-ren seiner Betreuer und Überwacher wird stets betont, dass Christ alle Auflagen zuverlässig erfülle. Hierdurch erreichte er, dass die Parole-Bedingungen im Laufe der Zeit gelockert wurden (z.B. größerer Bewegungsradius, verlängerte Meldeintervalle, weniger

Berichtspflichten). Christ wird als offen und aufrichtig beschrieben, seine angenehme Art beeindrucke. Er habe sich auch persönlich weiterentwickelt. „Christ was really experiencing life for the first time while on parole" (Zitat eines Parole-Überwachers 1957). Interessant ist die mehrmals zu findende Bemerkung, Christ fühle sich unschuldig, habe aber die Verurteilung und die Haft als sein Schicksal hingenommen. Er glaube, dass er für „irgendwelche Verfehlungen" vollauf gebüßt habe, und lasse keinerlei Verbitterung erkennen. Bedauerlicherweise befindet sich der amerikanische Originaltext dieses Parole-Berichts nicht in den Archivalien, hier käme es durchaus auf Nuancen der Wortwahl an. Interessant ist auch die schriftliche Bemerkung eines Parole-Betreuers aus jener Zeit: „Durch die lange Haftzeit und bei der Eigenart, sich abzusondern, fand er noch keine Verbindung, um eine Ehe zu schließen." In seiner Freizeit beschäftige er sich mit Lernen und Lesen. Fest steht, dass Christ bereits spätestens seit der Entlassung aus dem Gefängnis eine Lebenspartnerin hatte, und diese war auch der Grund für den späteren Wechsel nach Köln. Anscheinend war es ihm gelungen, seine Privatsphäre vor der Bewährungsaufsicht zu schützen.

Nach etwa zwei Jahren, am 11. November 1957, wechselte Christ, immer noch unter Aufsicht stehend, seinen Arbeitsplatz. Er arbeitete nun bei einer großen Elektrobedarfsfirma in Köln und wurde dort Geschäftsführer und Vorgesetzter von ca. vierzig Beschäftigten. Er wohnte zunächst im Betrieb des Arbeitgebers. Als Grund für diesen Wechsel verzeichnen die erhaltenen Parole-Unterlagen eine deutlich bessere Bezahlung und die Erwartung eines interessanteren Aufgabenfeldes. Wenig später wechselte Christ in das Ingenieurbüro Brandi Maaß Stücklen, ebenfalls in Köln, da das Arbeitsfeld bei der Elektrobedarfsfirma seinen Erwartungen nicht entsprochen hatte. Der Arbeitsplatzwechsel wurde problemlos von der Parole-Aufsicht genehmigt. Mitbegründer und Mitbesitzer des genannten Ingenieurbüros war der langjährige Postminister des Kabinetts Adenauer und spätere Bundestagspräsident Richard Stücklen, ebenfalls wie Christ ein gelernter Elektromeister und späterer Elektroingenieur. Seine Firma florierte über Jahrzehnte und erhielt zahlreiche Großaufträge des Bundes (Regierungsgebäude in Bonn, Olympiapark in München, Atombunker im Ahrtal und zahlreiche andere). Ob und wieweit Christ diesen gut bezahlten und verantwortungsvollen Posten eigener Tüchtigkeit, dem Glück oder alten Netzwerken verdankte, kann nicht gesagt werden.

Im Sommer 1955, also kurz nach seiner Entlassung aus dem Gefängnis und noch unter Bewährungsaufsicht, stellte Christ bei der Stadtverwaltung Karlsruhe einen Antrag auf Gefangenenentschädigung. Grundlage hierfür war das Kriegsgefangenenentschädigungsgesetz von 1954, welches eine finanzielle Entschädigung von 30 bis 60 DM pro Monat Gefangenschaft vorsah. Verurteilte Kriegsverbrecher waren ausdrücklich in dieses Gesetz eingeschlossen, und tatsächlich konnte es vorkommen, dass sogar ein Leiter eines Konzentrationslagers eine Entschädigung für seine Haftzeit erhielt. Christ legte bei seinem Antrag eine „Heimkehrerbescheinigung" vor, ausgestellt am 7. Mai 1955 durch das Regierungspräsidium Nordbaden. In seinem Antrag gab er an, als „aktiver Offizier" der 1. SS-Panzerdivision LSSAH und als „Wehrmachtsangehöriger" in Gefangenschaft geraten zu sein. Dies mag seine persönliche und seinerzeit sogar auch die offizielle deutsche Lesart gewesen sein, ist aber nicht richtig. Die amerikanischen Unterlagen sagen demgegenüber aus, dass Christ gezielt als „SS-Angehöriger" und explizit als „Verdächtiger im Malmedy-Fall" inhaftiert wurde. Dies darf als gesicherte historische Kenntnis gelten. Ob Christ seine anderslautenden Angaben aus Opportunismus oder aus Überzeugung machte oder ob sich darin sein Wunschdenken ausdrückt, bleibt dahingestellt. Ob er eine Haftentschädigung erhielt, konnte leider nicht in Erfahrung gebracht werden.

Christ wurde am 30. November 1957 endgültig begnadigt und mit einem freundlichen Brief des zuständigen amerikanischen Offiziers, mit Dank für die stets gute Kooperation und mit guten Wünschen für seine Zukunft aus der Parole-Aufsicht entlassen. Seine Akte wurde am 20. Dezember 1957 geschlossen. Mit der Freilassung der wenigen noch einsitzenden Landsberger Gefangenen im Jahr 1958 und Schließung des Militärgefängnisses Anfang 1959 endete dann auch das System des alliierten Strafvollzugs insgesamt.

Politische und gesellschaftliche Einordnung

Das Deutschland der Nachkriegszeit war in außerordentlich raschem Wandel begriffen. Zwischen der bedingungslosen Kapitulation und Demilitarisierung einerseits und der Westintegration der Bundesrepublik und ihrer Wiederbewaffnung andererseits lagen nur etwa zehn Jahre. Dieser Vorgang wurde durch den Kalten Krieg beschleunigt, also durch die zunehmende Feindschaft zwischen den ehemaligen Verbündeten, also den USA, Großbritannien und Frankreich auf der einen Seite und der Sowjetunion auf der anderen Seite. Die Westalliierten fürchteten zunehmend, dass Westdeutschland durch Bestrafung und Ausgrenzung den Kommunisten, also der Sowjetunion, in die Arme getrieben werden könnte. Zur Festigung des westlichen Bündnisses und zur Stärkung seiner Verteidigungsbereitschaft wurde sehr bald sogar der Wiederaufbau eines deutschen Militärapparates diskutabel. Dies war, ähnlich wie auch die Wiedererrichtung der allgemeinen Regierung und Verwaltung, nicht gänzlich ohne Mitwirkung früherer Akteure des NS-Regimes vorstellbar.

Diese Situation wussten die Interessenvertreter der ehemaligen Wehrmachts- und SS-Angehörigen für sich zu nutzen. Letztere gingen so weit, vollmundig zu verkünden, dass der Wiederaufbau einer deutschen Militärmacht ohne vollständige Rehabilitierung der SS nicht vorstellbar sei. Hiervon leiteten sie die Forderung nach einer Generalamnestie für ausnahmslos *alle* Kriegsverurteilten ab. Während sie anfangs noch von „wirklichen Verbrechern" einerseits und „Unschuldigen" andererseits gesprochen hatten, wurde später jegliche Differenzierung vermieden. Zu einer solchen Generalamnestie kam es nicht, jedoch wurde aus politischen Gründen die Entnazifizierung zunehmend großzügiger gehandhabt, und bereits Verurteilte wurden zunehmend zu milderen Strafen begnadigt.

Aus verschiedenen Gründen stand gerade der Malmedy-Prozess auch noch lange nach seinem Abschluss weiterhin im Fokus der öffentlichen Aufmerksamkeit. Er wurde sowohl in der deutschen als auch in der amerikanischen Öffentlichkeit für politische Zwecke instrumentalisiert. In den USA fand dies insbesondere im Rahmen des Präsidentenwahlkampfes 1948 statt. Hier diente der Fall zur Diskreditierung des sich zur Wiederwahl stellenden demokratischen Präsidenten Truman und seiner Regierung durch die Republikaner. In Deutschland wurde der Malmedy-Fall zur Verunglimpfung der alliierten Militärjustiz benutzt und zur Förderung antiamerikanischer Ressentiments im Rahmen einer auf Geschichtsrevision ausgerichteten Legendenbildung. Eine solche kann parallel zur Gründung der Bundesrepublik Deutschland und zur Wiederbewaffnung beobachtet werden. Hierzu gehörten die Erzählung von der „sauberen Wehrmacht" und die Behauptung, dass die Waffen-SS ein normaler Teil der Wehrmacht gewesen sei und mit den Totenkopfverbänden, also den Wachmannschaften der Konzentrationslager, angeblich nichts zu tun gehabt hätte.

Ein weiterer Grund für die große Aufmerksamkeit, die dem Malmedy-Prozess entgegengebracht wurde, dürfte in der für viele beeindruckenden Person des Kommandanten der Einsatztruppe liegen. Joachim Peiper eignet sich bis heute als Identifikationsfigur für Alt- wie Neonazis. Seine Biografie ist vielfach verarbeitet worden. Es erschien sogar eine romanhafte Aufbereitung des Malmedy-Stoffes durch Will Berthold, einen Journalisten, der sich einen Namen gemacht hatte als Autor von Büchern zu Kriegs- und Nachkriegsthemen. Die Erstfassung dieses Werks wurde im Herbst 1957 als Fortsetzungsserie in einer illustrierten Wochenzeitschrift veröffentlicht. Die spätere Ermordung Peipers im Jahr 1976 in Frankreich, die niemals aufgeklärt wurde, aber vermutlich politisch motiviert war, hat weiter zur Verfestigung der Legendenbildung beigetragen.

Die Zweifel an den Malmedy-Prozessen und anderen Verfahren hörten nie ganz auf und nahmen in den vergangenen etwa zehn Jahren noch zu, nachdem neue Quellen im Internet zugänglich gemacht worden waren, insbesondere die Prozessakten aus dem US-amerikanischen Nationalarchiv, einschließlich ziemlich ausführlicher Filmaufzeichnungen des Prozessverlaufs. Diese Quellen wurden allerdings mit sehr unterschiedlicher Tendenz genutzt, insbesondere auch von geschichtsrevisionistisch eingestellten, nationalistisch und völkisch gesinnten Autoren. Auch neue Erkenntnisse über amerikanische Kriegsverbrechen im Irakkrieg, aufgedeckt im Mai 2004, und der Verdacht systematischer Folterungen von Inhaftierten nach der Zerstörung des World Trade Center in New York durch einen terroristischen Angriff im Jahr 2001 trugen zu einer Wiederaufnahme der Malmedy-Diskussion bei.

Ein markantes Beispiel hierfür ist der Film „Über Galgen wächst kein Gras" aus dem Jahre 2005. Es handelt sich um einen Beitrag im Rahmen einer sechsteiligen Serie über „US-Folterjustiz" in verschiedenen Kriegen. Hier werden die Dachauer Prozesse in einer Linie mit amerikanischen Kriegsverbrechen im Vietnamkrieg, im Irakkrieg und bei der Terrorabwehr (z. B. My Lai, Abu Ghraib und Guantanamo) dargestellt. In diesem Film kommen auch einige hochbetagte Verurteilte des Malmedy-Prozesses zu Wort, die auch als Informationsquellen in einer anderen rechtsorientierten Veröffentlichung zu finden sind (Agte 2008). Ein ehemaliger Professor der Bundeswehr-Hochschule in München, Franz Seidler, wirkte hier maßgeblich mit, und zwar mit eindeutig revisionistischer Tendenz. Zu derartigen hartnäckigen Geschichtsverfälschungen bemerkt der amerikanische Historiker Remy (2017): „Die Tatsachen sind unstrittig, aber die Wahrheit setzte sich nicht durch. Fake news won."

Friedrich Christ hat sich nur selten und spärlich, wenn überhaupt, über sich selbst, den Krieg und seine Beteiligung geäußert, zumindest ist darüber nichts bekannt. Sicher ist aber, dass er sich unschuldig fühlte im Sinne der Anklage, nämlich unschuldig an der Erschießung von amerikanischen Kriegsgefangenen und belgischen Zivilisten an einer Straßenkreuzung bei Malmedy am 17. Dezember 1944 und andernorts in Belgien an den Folgetagen. Dies beteuerte er noch im hohen Alter, schwer krank und fast schon auf dem Totenbett (mündliche Überlieferung).

Ob überhaupt und in welcher Hinsicht Friedrich Christ sich schuldig fühlte, in einem weiteren Sinne (politisch, moralisch, metaphysisch) oder konkret als Angehöriger einer genuin verbrecherischen Organisation, ist nicht bekannt. Er sprach nicht darüber. Es mag sein, dass ihm im Alter von siebzehn Jahren beim Eintritt in die SS die verbrecherische Natur dieser Organisation nicht oder nicht in vollem Umfang bewusst gewesen ist. Bei einem noch sehr jungen Menschen muss bei einem solchen Schritt nicht unbedingt ein vorbedachter klarer Lebensplan angenommen werden. Andererseits ist schwer vorstellbar, dass selbst einem unpolitischen Menschen im Jahr 1937 oder 1938, also nach vier oder fünf

Jahren Unrechtsregime mit Verfassungsbrüchen, Judenverfolgungen, Aufbau von Konzentrationslagern, Inhaftierungen von Regimegegnern, Vorbereitung eines Angriffskriegs usw., noch nichts von alledem zur Kenntnis gelangt sein sollte.

Jedenfalls nutzte Friedrich Christ seine individuellen Entscheidungsspielräume im Sinne eines sozialen und beruflichen Aufstiegs durch eine militärische Karriere in der Waffen-SS. Wie weit er im Verlauf des Krieges den Weg der „kumulativen Radikalisierung" (Mommsen 2007) mitging, ob und inwieweit er sich zunehmend mit der NS-Ideologie identifizierte, weiß man nicht genau. Es ist nicht unwahrscheinlich anzunehmen, dass er sich nach und nach das Gedankengut der NS-Ideologie zumindest teilweise zu eigen gemacht hat. Seine militärische SS-Karriere jedenfalls wirkt stringent. Seiner Mutter gegenüber soll er im späteren Verlauf des Krieges auf deren Frage hin geäußert haben, dass ein Ausstieg unmöglich sei. Er müsse um sein Leben fürchten. Insbesondere in der Endphase des Krieges war sein Lebenslauf sicherlich nicht überwiegend frei gestaltet, sondern stark mitbestimmt von der Eigendynamik seiner SS-Zugehörigkeit und von kriegsbedingten Zwangsläufigkeiten. „Das Böse braucht keine fanatisierten Anhänger und kein begeistertes Publikum, allein der Selbsterhaltungstrieb genügt" (Bauman 2002).

Wie so vieles sind auch die Haltung und das Verhalten von SS-Angehörigen allgemein, während des Krieges und insbesondere auch das spätere unerschütterliche, mitunter lebenslängliche Festhalten an der NS-Ideologie im Nachhinein schwer verständlich. Erklärungsversuche umfassen unterschiedliche Faktoren wie starke Ideologisierung, intensiven Gruppenzusammenhalt, enge Bindung an den Kommandanten, Konformitätsdruck, Angst vor Ausgrenzung, Befehlsempfängermentalität und hierdurch zunehmend reduziertes persönliches Verantwortungsbewusstsein (Hammermann 2007, Kühne 1999, Shay 1994). Kernbestände des Unrechtsbewusstseins („Du sollst nicht töten") waren in der NS-Zeit durch Pervertierung von Rechtsbegriffen verschüttet worden. Das Töten zur Durchsetzung der NS-Ideologie, eines vermeintlich höheren Zieles, wurde nicht mehr als Unrecht wahrgenommen und so im großen Stil ermöglicht. Nach dem Zusammenbruch ihrer Welt versuchten die Täter sich durch Hinweis auf ihren Glauben an höhere Ziele, durch Leugnung, Aufbau eines Opfermythos und Herabwürdigung von Zeugen und Anklägern zu entschulden oder zumindest durch Schweigen zu schützen. Ihre Interessenvertreter sprachen von Irregeleiteten, Genötigten und Getäuschten. Die Opfer hatten keinen Platz in diesen Gedankengebäuden, was auch dadurch erleichtert wurde, dass die Mehrzahl der NS-Verbrechen rein räumlich außerhalb Deutschlands stattgefunden hatte und diese schon deswegen in der deutschen Gesellschaft der Nachkriegszeit weniger präsent waren.

Auch das starke Engagement politischer und insbesondere kirchlicher Würdenträger zugunsten der Dachauer Verurteilten, der Historiker Norbert Frei (2006) spricht von „zähem Feilschen" und „erbittertem Ringen", ist im Nachhinein schwer verständlich. Heute sprechen renommierte Autoren von einer „Kriegsverbrecherlobby". „Die Geistlichen solidarisierten sich uneingeschränkt mit den Tätern" (Westemeier 2014). Dabei argumentierten die Kirchenvertreter eher juristisch und politisch als theologisch. Überhaupt nahm die Kirche in der ersten Nachkriegszeit wegen der bestehenden Pressezensur die Funktion einer Ersatzöffentlichkeit wahr. Möglicherweise war es die Verquickung der von den westlichen Besatzungsmächten angestrebten Demokratisierung und „Umerziehung" der gesamten deutschen Bevölkerung einerseits mit der Bestrafung der Täter von Kriegs- und nationalsozialistischen Gewaltverbrechen andererseits, die bei Teilen der Bevölkerung, gerade auch bei den Eliten, auf Ablehnung und Widerstand stieß und so eine selbstkritische Beschäftigung mit der NS-Zeit erschwerte. Aleida Assmann (1999) betont in diesem Zusammenhang die unvorhergesehene Wirkung der öffentlichen Beschämung der Bevölkerung durch die Sieger: Durch das Zurschaustellen des NS-Unrechts, z. B. in Kinovorführungen über Konzentrationslager, die sich die Deutschen nach der Kapitulation zwangsweise ansehen mussten, sei die Einsicht in die eigene Schuld blockiert worden. Es sei also mit dieser „Umerziehungsmethode" genau das Gegenteil dessen erreicht worden, was angestrebt war.

Jedenfalls, so Frei (1997), sei das Bedürfnis einer breiten deutschen Öffentlichkeit nach Amnestie für verurteilte NS- und Kriegstäter nicht mit den realen Interessen eben dieser Öffentlichkeit zu erklären. Es sei erlaubt, darin ein indirektes Eingeständnis der gesamtgesellschaftlichen Verstrickung in den Nationalsozialismus zu vermuten.

Zu Anfang der Bundesrepublik, Ende der 1940er bis Mitte der 1950er Jahre, war es zur Konsolidierung der Demokratie erforderlich, Millionen von NS-Sympathisanten, Parteigängern und ehemaligen Soldaten in die neu sich formende Nachkriegsgesellschaft einzugliedern. Dies geschah, insbesondere in der unmittelbaren Nachkriegszeit, durch das von den meisten Deutschen nur halbherzig akzeptierte alliierte Programm zur Entnazifizierung, Demilitarisierung und Demokratisierung, in welchem die Amerikaner eine moralische Führungsrolle beanspruchten. Wirksamer noch war, insbesondere ab Ende der 1940er Jahre, die nachsichtige, zudeckende, schweigende Haltung der Mehrheit der bundesrepublikanischen Gesellschaft („kommunikatives Beschweigen", Lübbe 2007). Die allgemeine Zurückhaltung, ja Diskretion bezüglich einer Thematisierung von individueller oder institutioneller NS-Vergangenheit bezeugt nach Hermann Lübbe (1983) das Bemühen, die Akteure dieser Vergangenheit in den neuen Staat zu integrieren. Hierdurch sei zwar politische Stabilität erreicht worden, allerdings teilweise auf Kosten der moralischen Glaubwürdigkeit.

Den Politikern mag es bei ihrem Einsatz für die NS-Verurteilten auch um Wählerstimmen gegangen sein, nachdem die Bestrafung der NS- und Kriegstäter nach anfänglicher Zustimmung ab dem Ende der 1940er Jahre in Teilen der deutschen Öffentlichkeit zunehmend auf Ablehnung stieß, parallel zur sukzessiven Aufhebung der alliierten Zensur der deutschen Presse.

Eine systematische Verfolgung von NS-Delikten durch die Bundesrepublik Deutschland begann erst mit dem Ulmer Einsatzgruppenprozess 1957/1958 und der Gründung der Zentralen Ermittlungsstelle in Ludwigsburg 1958. Ein weiterer Meilenstein war der Eichmann-Prozess in Jerusalem im Jahre 1961. Man spricht hier von einem erinnerungspolitischen Übergang: Im öffentlichen Bewusstsein wurden die vermeintlichen Opfer (der alliierten Besatzungspolitik, Hitlers, der Umstände etc.) wieder zu Tätern. Etwa gleichzeitig war auch das schwierige Kapitel der alliierten und speziell amerikanischen NS- und Kriegsgerichtsbarkeit mit Schließung des War Criminal Prison in Landsberg zu Ende gebracht worden.

Die über Jahrzehnte anhaltende und noch immer nicht ganz verstummte öffentliche Diskussion über das Malmedy-Massaker und seine Folgen verlagerte sich zunehmend von der Frage, was „in Wahrheit" zwischen dem 15. Dezember 1944 und Mitte Januar 1945 geschehen war, auf die Betrachtung der Möglichkeiten der Wahrheit und nach welchen juristischen, politischen und moralischen Kriterien diese zu beurteilen seien. Lange wurde hierüber keine Einigung erzielt, da bezüglich entscheidender Punkte die offizielle deutsche Rechtsauffassung und die internationale, besonders die angelsächsische, unterschiedlich waren. Erst nach Jahrzehnten näherte sich das deutsche Recht dem internationalen an. So wurde nun auch in Deutschland eine Verurteilung wegen Tatbeteiligungen möglich, auch wenn eine einzeln abgrenzbare Tat einem bestimmten Angeklagten nicht zugeordnet werden konnte.

Ausklang

Friedrich Christ wurde also 1955 aus dem Gefängnis und 1957 aus der Bewährungsaufsicht entlassen. Seine Mutter wohnte weiterhin in Freising an ihrer früheren Adresse. Auch seine Schwester lebte dort mit ihrer Familie. Noch vor der Aufhebung aller Beschränkungen zog Christ in den Raum Köln. Dort hatte er eine Lebenspartnerin gefunden, zu der er bereits während der Haftzeit in Landsberg brieflichen Kontakt unterhalten hatte. Diese Frau, zwei Jahre jünger als Friedrich Christ, bei Kriegsende also 23 Jahre alt, war Witwe eines SS-Offiziers mit drei kleinen Kindern, von denen das jüngste seinen leiblichen Vater nie kennengelernt hatte. Der Kontakt zwischen ihr und dem Gefangenen war durch die „Stille Hilfe" vermittelt worden. Derartige Verbindungen kamen nicht zufällig, sondern geplant auf der Grundlage der nationalsozialistischen Ideologie der „Sippengemeinschaft" zustande. Himmler hatte 1937 einen Erlass über die „Betreuung von Witwen und Waisen von gefallenen SS-Angehörigen" herausgegeben. Darin wurde es als „heilige Aufgabe" dargestellt, Frauen und Kindern verstorbener Kameraden zu helfen. Dieses Gedankengut lebte auch nach dem Untergang des „Dritten Reichs" in den SS-Netzwerken weiter.

Zwischen Friedrich Christ und der jungen Witwe entstand bald eine lebenslange eheähnliche Gemeinschaft. Jedoch blieb Christ bis zu seinem Tod ledig und ohne weitere Kinder. Lange Zeit lebte das Paar in getrennten Wohnungen, später gemeinsam. Christ bildete sich weiter und arbeitete als Elektroingenieur langjährig in dem erwähnten Büro in Köln, danach auch bei verschiedenen anderen Firmen, so auch bei Siemens. Später arbeitete er noch viele Jahre bis zur Rente als technischer Leiter in einem großen Einzelhandelsunternehmen.

Zur Mutter seines Sohnes hatte nur eine kurze Beziehung bestanden mit, soweit bekannt, insgesamt nur zwei persönlichen

Begegnungen im Jahr 1943. Sie war bereits 1955 verstorben, noch vor der Entlassung Christs aus dem Gefängnis. Seinem Sohn gegenüber bezeichnete er diese Beziehung als flüchtige Urlaubsbekanntschaft, einen ideologischen Hintergrund (bewusste Zeugung von Nachwuchs für die „Elite" im Sinne der NS-Ideologie) der Begegnung verneinte er.

Abb. 13: Friedrich Christ mit seinem ca. 14jährigem Sohn, ca. 1958

Auch den letzten Abschnitt seines Lebens verbrachte Friedrich Christ in der Nähe von Köln, wo seine Lebenspartnerin herstammte. Nach seiner Berentung unternahm das Paar gerne Reisen in süddeutsche Kurorte oder ans Mittelmeer. Wie schon in jungen Jahren legte Christ Wert auf gepflegte Kleidung guter Qualität, und er fuhr immer ein präsentables Auto. Ansonsten waren der

Lebensstil wie auch die Wohnung eher bescheiden. Christ war sehr verschlossen, sprach wenig und wollte nichts gefragt werden. Bei Spaziergängen mit seinen Angehörigen soll er immer hundert Meter vorweg gelaufen sein und geschwiegen haben. Dieses Schweigen hatte viele Gründe, deren Gewicht im Einzelnen schwer einzuschätzen ist. Sicherlich hatte es auch mit dem spezifischen Ehr- und Treuegefühl eines überzeugten SS-Mannes zu tun: Ein Schwur zur Verschwiegenheit gilt bis an das Lebensende.

Seinen Sohn sah Christ das erste Mal, als dieser ungefähr dreizehn oder vierzehn Jahre alt war, also nach seiner Entlassung aus der Haft. Die Beziehung brach niemals ganz ab und beschränkte sich bis zum 25. Lebensjahr des Sohnes, während dessen Schul- und Ausbildungszeit, im Wesentlichen auf die regelmäßige Zahlung von Unterhalt und auf konventionell gehaltene Grüße zu Feiertagen und Geburtstagen. Später waren die seltenen gegenseitigen Besuche von Vorsicht und Fremdheit geprägt. Beide, Vater und Sohn, schienen sorgsam darauf bedacht, dem anderen nicht zu nahe zu treten. Über die Vergangenheit wurde nicht gesprochen. Eine Aussprache kam auch in späteren Jahren nicht zustande und wurde auch beiderseits nicht angestrebt, möglicherweise aus ähnlichen Gründen. Zweimal, wenige Jahre vor seinem Tod und posthum, schenkte Friedrich Christ seinem Sohn eine größere Geldsumme. Er hinterließ ihm auch eine sorgfältig gepflegte Briefmarkensammlung. Irgendwelche Dokumente zum Krieg, zur SS oder zu ihm persönlich hinterließ er nicht. Es sind auch keine Feldpostbriefe oder Briefe aus dem Gefängnis erhalten (außer dem einen bereits zitierten). Die beiden in der Einleitung erwähnten Pappschachteln enthielten ausschließlich Dokumente zur Familiengeschichte und zu Angelegenheiten des Sohnes.

Friedrich Christ lebte bis zu seinem Tod mit seiner Lebenspartnerin zusammen und starb am 17. Juli 2002 im Alter von 82 Jahren an den Folgen einer Krebserkrankung. Die Partnerin überlebte ihn um zehn Jahre und hielt Kontakt zur Familie seiner Schwester, zu seinem Sohn und seiner Enkeltochter. Die Todesanzeige für Friedrich Christ spricht von Liebe, Treue und Trost, das Grabkreuz von Frieden.

Abb. 14: Das Urnengrab Friedrich Christs, 2002

Schlussbetrachtungen

Friedrich Christ wurde kurz nach dem Ende des Ersten Weltkriegs und dem für Deutschland demütigenden Versailler Frieden geboren und wuchs in einer aus Baden zugewanderten bürgerlich-konservativen katholischen Familie in einer bayerischen Kleinstadt auf. Nach einer Schullaufbahn, die nicht so verlief, wie vom Vater erwartet, und mit der Mittleren Reife abschloss, entschied er sich im Alter von siebzehn Jahren für die berufliche Tätigkeit eines Soldaten und Kämpfers und trat in eine janusköpfige Organisation der Nationalsozialistischen Deutschen Arbeiterpartei namens Schutzstaffel, SS, ein. Diese sollte nach dem Willen der NS-Führung im nur noch kurzen Frieden eher polizeiliche und im erwarteten und politisch gewünschten Krieg dann auch militärische Aufgaben wahrnehmen. Zu Anfang des Krieges entschied sich Christ für eine lebenslange Zugehörigkeit zu dieser Organisation, jetzt Waffen-SS. Er verstand sich als Berufsoffizier und sah sich als Teil einer Elite. In den folgenden Kriegsjahren durchlief er eine typische und folgerichtige militärische SS-Karriere bis zum Rang eines Oberleutnants. Es ist nicht abwegig, zu vermuten, dass er dort wegen des ordensähnlichen Charakters dieser Organisation und ihrer ausgeprägten Ideologie, die unter anderem Gemeinschaft, Anständigkeit, Kameradschaft und Treue stark betonte, eine möglicherweise bislang vermisste Zugehörigkeit und Anerkennung fand.

In verschiedenen Quellen klingt an, dass Christ während der Kriegsjahre im Kameraden- und Untergebenenkreis nicht besonders beliebt gewesen sein soll. Der Historiker Jens Westemeier (1996) schreibt, Christ habe als „Großmaul" gegolten, bezeichnet diese Aussage allerdings gleichzeitig als „Klatsch" und Ausdruck der „Hackordnung"; laut Timo Worst (2017) habe Dany S. Parker (2012) in mokantem Ton geschildert, dass Christ in seiner schwarzen ledernen SS-Uniformjacke zum Prozess erschienen sei; ein amerikanischer Untersuchungsoffizier hatte herausgefunden, dass Christ von seinen Untergebenen gehasst worden („was hated") und „weniger intelligent" sei. Diese negativen Bilder fallen auf, zumal positiv getönte Aussagen zu Christ als Person für die Kriegszeit rar sind oder ganz fehlen. Sie sind jedoch schwer zu interpretieren. Von überzeugten SS-Männern, die noch jahrzehntelang nach dem Krieg am Mythos der „sauberen Waffen-SS" und an ihrer eigenen Unschuld festhielten, nicht gemocht worden zu sein, spricht nicht unbedingt gegen Christ, allerdings genauso wenig für ihn. So werden ja auch die zahlreichen Kriegsverbrechen seines Kommandanten Joachim Peiper nicht dadurch abgemildert, dass dieser im Krieg und darüber hinaus bis zu seinem

Tod von seinen Untergebenen und von späteren NS-Apologeten geradezu verehrt wurde. Für die Gefängnis- und die Bewährungszeit entsteht ein gegenteiliges Bild: Christ wird als geradezu vorbildlicher Gefängnisinsasse und Rehabilitand beschrieben. Ihm werden Intelligenz, Strebsamkeit und angenehmes Wesen bescheinigt, beruflich war er erfolgreich. Er verstand es, die Bildungsangebote der Gewahrsamsmacht und den wirtschaftlichen Wiederaufstieg Deutschlands für sich zu nutzen.

Aus dem wenigen, was über Christs Wesen bekannt ist, entsteht für die erste Lebenshälfte das Bild eines eher verwöhnten, dabei jedoch körperlich leistungsfähigen und sportlichen jungen Mannes mit nicht besonders gut ausgeprägtem Selbstvertrauen und nicht besonders geförderten und entwickelten intellektuellen Gaben, welcher nach Halt und Orientierung suchte und diese vermutlich zumindest zeitweise in der SS fand. Der Umgang mit Autorität und Autoritäten, angefangen wohl beim Vater, so auch später der Umgang mit der eigenen Autorität und der eigenen Rolle als militärischer Vorgesetzter, war schwierig und von „Pflichterfüllung, Willigkeit, bescheidenem Auftreten" (Worte aus seinen dienstlichen Beurteilungen) einerseits und Unsicherheit in der Befehlsgabe sowie mangelnder Durchsetzungsfähigkeit andererseits geprägt. Letztere wurde kompensiert durch forsche Rhetorik bei einer beinahe unterwürfig anmutenden Orientierung an Vorgesetzten und Härte gegenüber Untergebenen. Für die zweite Lebenshälfte entsteht eher das Bild eines strebsamen, zurückgezogenen und zuverlässigen Menschen, der geschätzt wurde, sich charakterlich und intellektuell weiterentwickelt hatte, möglicherweise aber im Innersten anhaltend verunsichert war. Er hatte über seine Kriegsbeteiligung nachgedacht und seine Verurteilung und lange Inhaftierung als Schicksal hingenommen.

Die Zugehörigkeit zur SS prägte Friedrich Christs Werdegang weit über das Bestehen dieser Organisation und des NS-Staates hinaus, wahrscheinlich für sein ganzes weiteres Leben. Als Angehöriger einer bestimmten militärischen Formation war Christ im Dezember 1944 an Kriegsverbrechen beteiligt. Weniger durch sein konkretes Handeln in dieser Situation als vielmehr durch das Aufsehen und die politische Bedeutung, die dieses Verbrechen erlangte aus Gründen, die mit der Person Christs nichts zu tun hatten, wurde er gegen seinen Willen und gegen seine Natur zu einer Person der Zeitgeschichte. Er kann als typischer Repräsentant jüngerer SS-Offiziere, der sogenannten Junkerschulgeneration, betrachtet werden. Gleichzeitig war er nicht nur Angeklagter, sondern auch ein wichtiger, dabei wahrscheinlich unfreiwilliger Zeuge der Anklage in einem amerikanischen Militärgerichtsprozess. Zentrale Themen waren hierbei insbesondere die Weitergabe eines verbrecherischen Befehls und die besonderen Gepflogenheiten der SS beim Umgang mit Kriegsgefangenen.

Über die frühe Kriegsbeteiligung Christs gibt es nur wenige personenbezogene Daten. Als Mitglied einer SS-Standarte war er bei der Besetzung des Sudetenlandes und beim „Polenfeldzug" eingesetzt, als Angehöriger der SS-Divisionen „Das Reich" und „Leibstandarte Adolf Hitler LSSAH" nahm er als Panzerführer an der Besetzung der Niederlande, Belgiens und Frankreichs, am Überfall auf die Sowjetunion und dann wieder an den Endkämpfen des Zweiten Weltkriegs an der Westfront teil, zuletzt im Rang eines Oberleutnants. In der Endphase war er noch in Ungarn und Österreich eingesetzt. Im Dezember 1944 war er an der Westfront in Belgien bei der Ortschaft Malmedy als SS-Kompanieführer in Kriegsverbrechen an amerikanischen Gefangenen und an belgischen Zivilisten verwickelt. Deswegen hatte er sich vor einem Militärgericht zu verantworten.

Christ wurde 1946 wegen persönlicher Beteiligung an diesem Massenverbrechen von der amerikanischen Kriegsgerichtsbarkeit zum Tode durch Erhängen verurteilt. Drei Jahre später revidierte das Kriegsgericht sein Urteil und begnadigte ihn zu lebenslänglicher Haft. Von mehreren Anklagepunkten, allen voran Gefangenenerschießungen, blieben zuletzt noch die Verantwortung als Vorgesetzter und eine funktionale Mittäterschaft durch die Zugehörigkeit zu einer verbrecherischen Vereinigung übrig. Das Strafmaß kann man im Vergleich mit anderen Prozessen in vergleichbaren Fällen als hoch ansehen, so zum Beispiel wurde sein oberster Vorgesetzter, der Führer der LSSAH Joseph Dietrich, nur zu lebenslänglicher Haft verurteilt. Zu einer späteren Zeit nach dem Krieg oder bei einer anderen Gewahrsamsmacht wäre möglicherweise das Urteil über Friedrich Christ anders ausgefallen, und zwar milder.

Auch für Christ und Männer wie ihn mag gelten, was Primo Levi über seine SS-Bewacher im Konzentrationslager Auschwitz schreibt (1986):

„Statt dessen waren sie aus gleichem Stoff gemacht wie wir, mittelmäßige Menschen, mittelmäßig intelligent, mittelmäßig böse: abgesehen natürlich von einigen Ausnahmen waren sie keine Bestien, sie hatten ein Gesicht wie wir. Aber sie waren zum Schlechten erzogen. [...] Alle haben eine schreckliche Umerziehung durchgemacht. [...] Dieser Kampftruppe haben sich viele wegen des Prestiges angeschlossen, wegen ihrer Allmächtigkeit oder auch nur, um familiären Schwierigkeiten zu entgehen. [...] Es muß deutlich gesagt werden, daß sie alle, in größerem oder geringerem Maß, verantwortlich waren. Aber es muß ebenso deutlich gesagt werden, daß hinter dieser Verantwortlichkeit die der großen Mehrheit der Deutschen steht, die anfangs aus geistiger Trägheit, aus kurzsichtigem Kalkül, aus Dummheit oder aus Nationalstolz die ‚schönen Worte' des Gefreiten Hitler akzeptiert haben, ihm gefolgt sind, solange das Glück und die Skrupellosigkeit ihn begünstigten."

Die Verhöre Christs und seiner 70 Mitangeklagten während der Internierungszeit, der Kriegsgerichtsprozess in Dachau, die Überprüfungen der Urteile durch die Besatzungsbehörde, die späteren Strafumwandlungen und die endgültige Begnadigung sind in amerikanischen Quellen ausführlich dokumentiert. Über die Zeit im Kriegsverbrechergefängnis in Landsberg gibt es ebenfalls personenbezogene Unterlagen. Die überwiegend amerikanischen Quellen sind allgemein zugänglich. Noch in Resten vorhandene deutsche Quellen sind inzwischen, mehr als siebzig Jahre nach den Geschehnissen und mehr als zehn Jahre nach Christs Tod, ohne Einschränkung einsehbar.

Viele in ähnlicher Weise wie Friedrich Christ am Kriegsgeschehen und an Kriegsverbrechen Beteiligte entzogen sich durch erfundene Identitäten, gefälschte Papiere oder clevere Lügen der Überprüfung. Aus manchem „Belasteten" wurde im Rahmen der Entnazifizierung durch Zeugnisse, die seinerzeit insbesondere in bestimmten Kreisen leicht zu erlangen gewesen sein sollen, stufenweise ein „Mitläufer" und dann ein „Entlasteter". Viele entzogen sich durch Untertauchen der Gerichtsbarkeit. Manchen holte diese dann allerdings doch noch wieder ein.

Ende Juni 1955 wurde Christ unter völlig veränderten politischen Umständen aus dem Gefängnis entlassen und im November 1957 endgültig begnadigt. Die Entlassung erfolgte nicht in das demoralisierte und zerstörte Deutschland von 1945, welches er zehn Jahre zuvor bei seiner Verhaftung verlassen hatte, sondern in die gesellschaftlich gewandelte, wirtschaftlich aufstrebende, politisch unter völlig veränderten Vorzeichen wieder international anerkannte und im Prozess der Wiederbewaffnung begriffene Bundesrepublik Deutschland. Christ war, dank eigener Strebsamkeit und dank einer geradezu fürsorglichen Rehabilitationspolitik der ehemaligen amerikanischen Besatzungsmacht, auf den Eintritt in diese neue Welt beruflich gut vorbereitet und nutzte seine Chancen erfolgreich. Auch gibt es Anzeichen dafür, dass er während seiner langen Haftzeit einen persönlichen Reifungsprozess durchlaufen hatte.

In anderen Zusammenhängen, beispielsweise mit anderen Straftaten der Waffen-SS oder der Leibstandarte Adolf Hitler, wurde nicht gegen Christ ermittelt. Bei der Zentralen Stelle der Landesjustizverwaltungen zur Aufklärung nationalsozialistischer Verbrechen in Ludwigsburg ist er ausschließlich im Zusammenhang mit dem Malmedy-Massaker bekannt.

Die Zeit nach Entlassung aus dem Gefängnis und Aufhebung der Bewährungsaufsicht ist nicht mehr Fokus dieser Arbeit. Es ist darüber auch sehr wenig bekannt. Jedoch trat Friedrich Christ vermutlich niemals als Zeitzeuge, Redner, Interviewpartner oder Memoirenschreiber in Erscheinung. Von Nachfolgeorganisationen der SS oder Veteranenvereinigungen hielt er sich fern. Er verfolgte auch nicht, wie andere bei Kriegsende noch jüngere SS- und Wehrmachtoffiziere, eine Laufbahn in dem bereits 1951 gegründeten, paramilitärisch ausgerichteten Bundesgrenzschutz oder in der seit 1955 im Aufbau befindlichen Bundeswehr. Die Spur Christs verliert sich im Privaten. Für ihn hatte der Krieg begonnen, als er siebzehn Jahre alt war, und dieser endete für ihn erst mit der Entlassung aus dem Gefängnis, als er 35 Jahre alt war, bzw. mit Ende der Bewährungsaufsicht fast drei Jahre später. Seine restlichen mehr als vierzig Lebensjahre, über die Hälfte seines ganzen Lebens, wirken seltsam ereignislos, zumindest was äußere Ereignisse anbetrifft. Über innere Ereignisse ist nichts überliefert. Eine gewisse emotionale Starre war möglicherweise Selbstschutz gegen totale Entwertung. Christ schwieg.

In der Einleitung wurde die Erwartung geäußert, dass die parallele Darstellung von Biografie und Zeitgeschichte geeignet sei, das eine wie das andere besser verständlich zu machen. Fragt man nun zum Schluss, was genau anhand einer Biografie wie der Friedrich Christs besser zu verstehen sei, so könnten die folgenden Gedanken Teil der Antwort sein.

Mit dem Verschwinden der Erlebens- und Tätergeneration des Zweiten Weltkriegs hat die allgemeine Bereitschaft der Öffentlichkeit, aber auch der Geschichtsschreibung, zur Rücksichtnahme auf Täter und in anderer Weise Beteiligte abgenommen. Verbrechen und Verbrecher werden jetzt klarer benannt, zum Teil allerdings mit emotional getöntem oder empörtem Gestus und Neigung zu Pauschalisierungen. Bei der Erhellung des lange im Dunkel Gebliebenen bemüht sich dieser Text um eine nüchterne Betrachtung ohne anklagende, aber auch ohne beschwichtigende Untertöne. Bei näherer Betrachtung finden sich die Ungeheuerlichkeit und vermeintliche Einzigartigkeit der NS-Verbrechen nicht bei jedem Kriegsverbrecher und nicht in jedem Kriegsverbrechen in gleicher Weise oder vollem Ausmaß wieder. Der Blick ins Detail der Biografie des hier im Fokus stehenden kriegsverurteilten SS-Offiziers zeigt keine exzessive Gewalt, keine pathologische Persönlichkeit, keine persönlichen ungeheuerlichen Taten. Nicht einmal die häufig bei NS- und SS-Tätern beschriebene lebenslange Unbelehrbarkeit und Uneinsichtigkeit lassen sich aus seiner späteren Lebensgeschichte eindeutig herauslesen. Allerdings spricht manches dafür, dass Christ sich im Laufe seiner früh beginnenden und lange andauernden Zugehörigkeit zu NS- und SS-Organisationen deren Grundsätze und Sichtweisen zumindest teilweise zu eigen gemacht hatte und durch den Zusammenbruch dieser Werte für den Rest seines Lebens anhaltend verunsichert war. Überzeugende Hinweise auf eine eindeutige Distanzierung von seiner SS-Vergangenheit konnten nicht gefunden werden. Anscheinend blieb er in einer ambivalenten Haltung befangen. Manche seiner überlieferten Äußerungen lassen ein tiefgreifendes Unverständnis für den Unrechtscharakter des NS-Regimes vermuten. Seine Aussage: „genug gesühnt für eventuelle Verfehlungen" lässt sich psychoanalytisch als Schuldeingeständnis und Schuldabwehr zugleich verstehen (Moré 2011). Das, wofür er gekämpft hatte, musste er als gescheitert erkennen, ob er es auch als falsch, verwerflich oder gar böse erkannt hat, bleibt offen. Die innere Wendung von Beschämung und Abwehr zu Annahme von Verantwortung und Schuld hat er möglicherweise nicht vollziehen können oder wollen.

Bei den Ereignissen, die Christs Verurteilung als Kriegsverbrecher nach Ansicht des Militärgerichts letztlich rechtfertigten, handelt es sich um die Billigung oder um das Nicht-Verhindern von Gefangenen- und Zivilistenerschießungen in der Endphase des Krieges, in einer militärisch extrem angespannten, eigentlich bereits verlorenen Situation. Derartige Verbrechen können in fast allen Kriegen und auf fast allen Seiten vorkommen, sozusagen als vermeintliche oder tatsächliche zwingende militärische Notwendigkeit oder als bedauerliche Kollateralschäden der Kriegsführung. Zumindest ist dies eine Sichtweise vieler Berufsmilitärs und Historiker, unabhängig von ihrer Nationalität oder der konkreten Situation. Dazu schreibt der Militärhistoriker Parker (2012, Übersetzung durch die Autorin):

„So verteufelt [vilified] wie die Nazis im letzten Jahrhundert auch waren, so wichtig ist es zu verstehen, dass derartige Ereignisse nicht auf eine Kultur, ein Volk, eine Regierung beschränkt sind. Der entscheidende Unterschied zur Waffen-SS im Zweiten Weltkrieg war, dass, während andere Armeen solche Grausamkeiten als ein unglückliches Ergebnis des Irrsinns des Krieges ansahen, die fanatischsten der SS-Männer ernsthaft den nihilistischen Geist von Dschingis Khan heraufbeschworen."

Der entscheidende Unterschied wird hier also gesehen in der Organisationszugehörigkeit und in der Identifizierung mit deren zugrundeliegender Ideologie, nicht in den Taten an sich. Auch da, wo die NS-Ideologie im Einzelfall nicht die entscheidende Rolle spielte, ist und bleibt die Tötung von Gefangenen und Zivilisten ein Verbrechen. Es wäre dann aber kein singuläres, sondern eher, wie es in der Einleitung ausgedrückt wurde, ein herkömmliches Kriegsverbrechen, vielleicht sogar ein „ganz normales" Kriegsverbrechen", wie es in durchaus provokanter Absicht und in Anlehnung an das Diktum von den „ganz normalen Deutschen" (Kühne 1999) oder den „normalen Männern" (Man 2000) bezeichnet werden könnte. Die in der hier vorgelegten Lebensgeschichte betrachteten Straftaten sind allerdings ohne die NS-Ideologie *nicht* zutreffend beschrieben und verstanden, und insofern sind sie *keine* herkömmlichen Kriegsverbrechen. So können sie als SS-typische Kriegsverbrechen bezeichnet werden.

Vielleicht erleichtert die Beschäftigung mit dieser Art von „gewöhnlichen" Verbrechern – eher als die Konfrontation mit exzessiven, herausragenden Taten und Tätern – die Einsicht in die eigenen Grenzen und die eigene potentielle Gefährdung. So kann sie vielleicht dazu beitragen, vor vorschnellen Urteilen, Überheblichkeit oder gar eigener Verstrickung zu schützen. Ausgedrückt in der jetzt schon historischen Terminologie des letzten Drittels des vorigen Jahrhunderts kann eine solche Beschäftigung einen Beitrag leisten zu der Fähigkeit zu trauern. Damit war immer und ist weiterhin, wohlgemerkt, nicht nur und auch nicht in erster Linie die Trauer um die Opfer gemeint, sondern die Trauer um den notwendigen Abschied von eigenen früheren Idealen, um die eigene Unzulänglichkeit und Schuld.

Die Autorin hofft, dass ihre Arbeit gelesen werde und sich einfüge in eine differenzierte und angemessene kollektive Repräsentation der deutschen NS-Vergangenheit im öffentlichen deutschen Bewusstsein im 21. Jahrhundert. Es geht hierbei auch um die Förderung von Ambiguitätstoleranz. Unter Ambiguität oder Ambivalenz soll hier die Möglichkeit verstanden werden, eine Person, einen Gegenstand, ein Ereignis mehr als nur einer Kategorie zuzuordnen. Gleichzeitig beinhaltet der Begriff die Vorstellung von Bipolarität und verweist auf ein Kontinuum zwischen beiden Polen. Insbesondere in Zeiten des Umbruchs, wie sie auch hier betrachtet wurden, wird eine derartige Uneindeutigkeit leicht als Verunsicherung empfunden. Eine solche verursacht innere Spannungen. Als Reaktion hierauf hat der Mensch die Tendenz, zum Abbau eben dieser Spannungen Dinge eindeutig ordnen zu wollen und scharf zu trennen, also Grautöne zu ignorieren und die Welt klar in Schwarz und Weiß einzuteilen. Diese Sichtweise kann zu bedrohlicher Intoleranz in allen ihren Erscheinungsformen führen. In einem weiteren Sinne soll also die beabsichtigte Förderung von Ambiguitätstoleranz in der Geschichte zur Gewaltprävention in der Gegenwart beitragen.

Über das historische Interesse hinaus hatte die Autorin den Wunsch, dem verurteilten Kriegsverbrecher Friedrich Christ in seiner Beschränktheit und dem Menschen Friedrich Christ in seiner Begrenztheit ein respektvolles Denkmal zu setzen.

Dokumentenanhang

Kopie aus dem Bundesarchiv

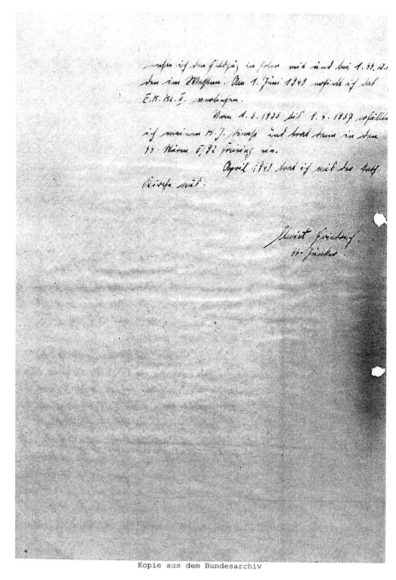

1. Handschriftlicher Lebenslauf Friedrich Christ, 9.10.1940,
Junkerschule Tölz

Lfde. Nr.	Datum			Dienst-grad	Truppenteil usw.	Inhalt der Verfügung, Art der Veränderung usw.
1	2			3	4	5
	Jahr	Tag	Monat			
1.	1938	4.	4.	⁎-Anwärter	⁎-Standarte "Deutschland"	Eintritt in die Waffen-⁎
2.	1940	2.	9.	⁎-Junker	⁎-Junkerschule Tölz	kdt. zum Voll-Lehrgang Tölz vom 2.9.40 - 10.4.41
3.	1941	1.	1.	Standarten-Junker	"	" "
4.		20.	4.	⁎-U'stuf.	⁎-Kradsch.E.Btl.	Zugf.
5.	1942	15.	6.	"	⁎-Div. "Reich"	versetzt
6.	1943	10.	3.	"	11. Kradsch. Ers. BtI	"
	1943	20		"	14. Koff. Pz. Gren. .	z.H. ⁎ beordert
	1943	9.	Okt.	⁎-Ostuf.	" " " "	Emp.
	1944	25.	Feb.	"	18-Pz. BefhI Ers. Abt	VOTS.
	1944	9.	Juni	"	1.⁎-Pz.Div. "LSSAH"	ruf.

2. Dienstlaufbahn Friedrich Christ,
tabellarische Zusammenfassung 1938 bis 9.6.1944

Geheim!

Abgangszeugnis
der SS-Junkerschule Tölz

Der SS-Standartenjunker   **Christ, Friedrich**   –   **21.2.20**

                    Name, Vorname   SS-Nr.   Geburtstag

hat während des Lehrgangs an der SS-Junkerschule Tölz vom 1. September 1940 bis 10. April 1941

	Note	mal	Punkte
1. in der weltanschaulichen Schulung	6	8	48
2. in der Taktik	5	8	40
3. in der Geländekunde	5	3	15
4. im Partei- und Heerwesen	6	6	36
5. in der Waffenlehre	5	2	10
6. im Pionierwesen	5	2	10
7. in der Kartenkunde	6	2	12
8. im Nachrichtenwesen	5	1	5
9. im Kraftfahrwesen	–	1	–
10. im Flugwesen	5	1	5
11. im allg. Truppendienst u. Inf.-Gefechtsdienst	5	3	15
12. im Sport	5	3	15
13. im Reiten	–	2	–
Gesamtpunktzahl			211

erreicht und somit die Schlußprüfung   bestanden.

Kopie aus dem Bundesarchiv

122

Allgemeine Beurteilung der Persönlichkeit:

C. ist von ansprechendem Äußeren, mit guter soldatischer
Haltung. Im Umgang mit Vorgesetzten sehr bescheiden und
zurückhaltend.

Anständig und wahr, verantwortungsfreudig und zielstrebig, ist
er geistig etwas unbeweglich. Er hat seine Mängel auf wissen-
schaftlichem Gebiet durch außerordentlichen Fleiß, verbunden
mit Wille und Härte, ausgeglichen.

Er ist sehr einsichtig und zuverlässig, läßt sich gut leiten
und wird, mit den ausreichenden Kenntnissen des Dienstbetriebes
der Truppe versehen, trotz der erwähnten Mängel in der Lage
sein, auch schwierige Lagen zu meistern.

Zum SS-Führer geeignet.

Seine Verwendung in einer Aufklärungsabteilung wird vorgeschlagen.

Siegel

Der Kommandeur der Lehrgruppe A

gez. Geisler
SS-Obersturmbannführer

F. d. R.:

SS-Obersturmführer

Kopie aus dem Bundesarchiv

3. Abgangszeugnis Friedrich Christ, Junkerschule Tölz,
20.3.1941

Leibstandarte SS Adolf Hitler
I./SS-Panz. Rgt. 1
(Truppenteil — Dienststelle)

Rgt.Gef.St., den 22. August 194 3

Beförderung in der Waffen-SS

Anlagen: (Nur bei Beförderungen zum SS-U'stuf.)

1. Handgeschriebener Lebenslauf.
2. Personalangabebogen.
3. A- und V-Schein, falls noch nicht im Besitze einer SS-Nummer.
4. Zwei Lichtbilder.

An

Leibstandarte SS Adolf Hitler
Abteilung IIa

Der SS-Untersturmführer C h r i s t, Friedrich   akt./Res. SS-Nr. 391 951

wird vorgeschlagen zur Beförderung

zum SS   O b e r s t u r m f ü h r e r   akt./Res. der Waffen-SS

Geburtsdatum: 21. 2. 20   Alter: 23 Jahre   Dienststellung: Zugführer   seit: 20. 4.41

Letzte Beförderung: 20. April 1941   RAD: 1.9.1937 - 1.4.1938

Nach Ernennung zum SS-Führer der Waffen-SS versehene Dienststellungen:

Zugführer, Kompanieführer von Nov. 1940 - Juni 1942

Lehrgänge:

1.9. 40 - 1.4.41 SS - Junkerschule Tölz

Die Eignung zum vorgeschlagenen Dienstgrad ist nachgewiesen durch:

a) die Beurteilung seines Kompaniechefs

b) meine Beurteilung durch Dienstbeiwohnungen.

K 150 SS-Vordruckverlag W. F. Mayr, Miesbach (Bayer. Hochland) 17038   Wenden!

Kopie aus dem Bundesarchiv

124

Beurteilung der charakterlichen Eignung und dienstlichen Leistungen (Innen- und Außendienst, Lehrfähigkeit,

ℋ-Haltung): Chr. ist ein charakterlich als gut zu beurteilender ℋ-Führer, dessen dienstliche Leistungen im Durchschnitt liegen. Er ist bestrebt, die ihm befohlenen Aufgaben durch innere Bereitschaft und Fleiß zu lösen. Seine Lehrbefähigung ist zum Teil nicht ganz präzise. Z.T. ist er ungenau in seiner Auftragserteilung, die durch gute Anleitung von seinem nächsten Vorgesetzten auf Grund seines guten Willens abgestellt werden kann. Seine Haltung und sein mil. Auftreten ist im Innen- und Außendienst eines ℋ - Mannes würdig.

Teilnahme an Kampfhandlungen: Polen, Westen, Rußland

Auszeichnungen: Eisernes Kreuz II. Klasse, Panzerkampfabzeichen bronze, Verwundetenabzeichen, schw., Medaille zur Err. zum 13.3.38 ℋ - Dienstauszeichnung 4. Stufe.

Zur weiteren Förderung wird ab _____ Verwendung als _____

vorgeschlagen.

Bemerkung:
ledig, keine Kinder
1 Mal verwundet

(Unterschrift, Dienstgrad und Dienststellung)

ℋ-Obersturmbannführer u. Rgt. Kdr.

Stellungnahme der vorgesetzten Dienststelle:

Kopie aus dem Bundesarchiv

4. Beförderung Friedrich Christ zum SS-Obersturmführer,
20.8.1943

A b s c h r i f t。

Versailles, den 18.Dez.1943

B e u r t e i l u n g

Anlass der Vorlage: Teilnahme am Komp.-Führer-Lehrgang Versailles
in der Zeit vom 22.Nov.1943 bis 18.Dez.o1943

über den

#-Ostuf.　　　C h r i s t　　　　Friedrich　　1./Pz.Rgt.1.#LAH

geb.am: 21.1.20　　　　　　Letzte Friedensdienststelle: München
in: München　　　　　　　　Tauglichkeitsgrad:　　　　k.v.

Laufbahn: aktiv　　　　　　R.D.A.(Ord.Nr.)　　　　20.4.41

Führung während des Lehrgangs	Sehr gut

Mitarbeit beim Lehrgang	Gut

Beim Lehrgang gezeigte Leistungen u. erlangte Kenntnisse.Ggf.noch zu verbessernde Ausbildungszweige.	Bei guten Anlagen und gutem taktischen Verständnis, fehlt Ch. jedoch Erfahrung und Überblick, um zu raschen und richtigen Legebeurteilungen und Entschlüssen zu kommen. In der Befehlstechnik hat Ch. viel gelernt, ist jedoch auch hier noch nicht ganz sicher. Ein vorbereiteter Vortrag war gut und klar.

Eignung zum Kp.-usw.Führer	Erst nach weiterer Zugführer-Zeit und Einsatz in Pz. zum Kp.Fhr. geeignet.

Bemerkungen

---

gez. Unterschrift
Lehrgruppenleiter
Oberstleutnant

Zusatz des Kommandeurs:
　　　　　　　　　　Einverstanden.

gez. Unterschrift
Oberst
u. Kommandeur der Schule

F.d.R.d.A.

#-Oberscharführer

22 März

5. Beurteilung Friedrich Christ, Kompanieführerschule Versailles,
18.12.43

<u>A N L A G E Z U M G N A D E N A N T R A G V O M</u>
<u>26.5.1954</u>

An den
  Oberbefehlshaber der Armee
  der Vereinigten Staaten in Europa,

    <u>H e i d e l b e r g .</u>

<u>Betrifft:</u> Case: 6 - 24 (Malmedy-Fall); hier: C h r i s t Friedrich.

Was in meinem Falle gegen die <u>sachlichen</u> Belastungen
vorgebracht werden konnte, ist von meinem Verteidiger, Rechtsanwalt Eberhard ENGELHARDT in Nürnberg im Gnadengesuch vom
15.5.1954 vorgetragen und mit dem Entlastungsmaterial belegt
worden, das ich in den letzten Jahren beschaffen konnte.

Da mir alle Entscheidungen ohne Gründe eröffnet worden
sind, war und ist es weder mir noch meinem Verteidiger möglich,
zu beurteilen, welche Komplexe der Belastungsgrundlage, die
das Protokoll ergibt, für die Entscheidungen des Gerichts
und der später überprüfenden Stellen jeweils ausschlaggebend
waren.

Es besteht auch heute keine Möglichkeit, diese Frage
zu beantworten.

Ich will mich daher im folgenden darauf beschränken,
die nunmehr gegen mich festgesetzte Strafe in Vergleich zu
Strafen zu stellen, die gegen Mitangeklagte verhängt worden
sind, welche im Zusammenhang mit den mir zur Last gelegten
Vorgängen standen.

Ich darf dazu hervorheben, dass mir auch nach der
Belastungsgrundlage nicht der Vorwurf gemacht wird, <u>persönlich</u>
jemanden getötet zu haben.

Kopie aus dem Bundesarchiv

Wenn ich diese Vergleiche anstelle, so liegt es mir
ferne, meinen Kameraden das Glück der Freiheit zu missgönnen.
Es steht mir auch nicht zu, fremde Sachen in der Frage des tatsächlichen Beweises und in ihrer rechtlichen Beurteilung zu
prüfen. Ich gehe lediglich davon aus, dass im wesentlichen die-
selben Behauptungen vorgebracht und dass die Belastungen auf
die gleiche Weise und unter den gleichen Umständen gewonnen
worden sind wie gegen mich.

VIII.

Ohne im ganzen oder im einzelnen irgendeine Beweisfrage berühren zu wollen, lediglich von der Belastungsgrundlage ausgehend, darf ich mir noch die Gegenüberstellung folgender Kategorien gestatten:

Es gab Kategorien von Kriegsverbrechen, bei denen die Täter den Krieg mit propagandistischen Mitteln, dabei auch eigene Vorteile suchend, nach dem Waffenstillstand fortgesetzt (China-Prozess) oder

bei denen sich die Täter aus Profitsucht an einem System von mörderischer Sklavenarbeit beteiligt (Industrie) oder

bei denen die Inhaber hoher Kommando- oder Regierungsstellen in den Zentralen an der sog. Heimatfront durch Missbrauch der Befehls- und Weisungsgewalt ganze Kolonnen von Taten ausgelöst haben, welche nicht nur den feindlichen Soldaten und sonstigen Ausländern, sondern auch vielen Deutschen selbst nach Kriegsende zum schweren und schwersten Verhängnis geworden sind oder

bei denen die Täter sich allein deshalb zu ungesetzlichen Taten haben hinreissen lassen, weil zentrale militärische, zivile und Parteistellen Straffreiheit für solche Taten zugesichert hatten (Fliegerfälle) oder

bei denen Taten im Heimatgebiet vorlagen, wo im Falle von Befehlsverweigerung dem Täter in einem gerichtlichen Verfahren, wenn es in einem solchen Falle überhaupt dazu gekommen wäre, der Einwand verblieben ist, dass es ihm sowohl nach dem deutschen Militärstrafgesetzbuch als auch nach dem Beamtengesetz verboten sei, Befehle oder Weisungen auszuführen, welche die Begehung von Verbrechen oder Vergehen einschlossen.

Allen diesen Taten ist eigen, dass sie -von wenigen Ausnahmen abgesehen- unter normalen Lebensverhältnissen, in den meisten Fällen sozusagen vom Schreibtisch aus verübt worden sind.

Bei den meisten, in ihrer Auswirkung folgenschwersten Taten, sind so bekannte und nach ihrer einstigen Stellung so hervorstechende Personen beteiligt, dass ich mir die Aufführung von Namen schenken kann. Wichtig ist, dass sich kaum eine

129

dieser Persönlichkeiten mehr in unserer Lage befindet. Die meisten sind schon sehr lange, viele schon lange und der kleine Rest im Zusammenhang mit dem Paroleverfahren entlassen.

Alle diese Komplexe unterscheiden sich grundlegend vom Malmedy-Fall darin, dass die Taten des Malmedy-Falles vom Kampfgeschehen und der jedem Kampfgeschehen zugrundeliegenden <u>aussergewöhnlichen</u> Seelenlage des Soldaten nicht getrennt werden können.

Kampfgeschehen ist seiner Natur nach Anwendung physischer Gewalt.

<u>Clausewitz</u> führte in seinem Werk "Vom Krieg", 16. Auflage 1952, S.90, aus:

> "Da der Gebrauch der physischen Gewalt in ihrem ganzen Umfange die Mitwirkung der Intelligenz auf keine Weise ausschliesst, so muss der, welcher sich dieser Gewalt rücksichtslos ohne Schonung des Blutes bedient, ein Übergewicht bekommen, wenn der Gegner es nicht tut. Dadurch gibt er dem anderen das Gesetz, und so steigern sich beide bis zum Äussersten, ohne dass es andere Schranken gäbe als die der innewohnenden Gegengewichte."

<u>Pierre Boissier</u> bemerkt dazu in seiner Abhandlung: "Kriegsrecht und Militärbefehl", 1953, Seite 109:

> "Man muss anerkennen, dass während der eigentlichen Kämpfe nur dies Gesetz Geltung hat."

Weit entfernt davon, damit ein Kriegsverbrechen als solches rechtfertigen zu wollen, soll nur auf den völlig anders gearteten psychischen Hintergrund hingewiesen werden, auf dem eine solche Tat im Kampfe gegenüber solchen Taten erscheint, die in normaler Umgebung ohne jene Leidenschaftlichkeit ausgeführt werden, welche die wesensnotwendige Begleiterscheinung jeder Kriegshandlung ist.

Die Seele des Soldaten im Felde, insbesondere in Kampflagen hat eine andere Färbung als die Seele des Soldaten, Beamten oder Bürgers im Heimatgebiet.

Benjamin Constant sagt darüber:

"Der Soldat wird zum Spieler, mit dem Unterschied, dass
er um sein Leben spielt. Diesen Einsatz kann er nicht
zurücknehmen. Er setzt ihn ununterbrochen und unbe-
grenzt einem Wechsel des Geschicks aus, dass früher oder
später gegen ihn ausschlagen muss. Für ihn gibt es daher
keine Zukunft. Der Zufall ist sein blinder und uner-
bittlicher Meister.
Die Moral dagegen braucht Zeit. Von ihr empfängt sie
ihre Wiedergutmachung und Belohnung. Für den, der
von Minute zu Minute oder von Gefecht zu Gefecht lebt,
gibt es keine Zeit. In der Zukunft mögliche Entschä-
digungen werden zum Hirngespinst, nur der Genuss des
Augenblicks ist einigermassen sicher ... Wer fühlt
nicht, dass die Gewöhnung an dies Glückspiel um Ver-
gnügen und Tod die Sitten verderben muss?"

Pierre Boissier führt u.a. Seite 48 aus:
"Die Mittel und Wege des Krieges sind heute so unge-
heuerlich, dass der Soldat in eine Welt versetzt
wird, die mit keiner anderen einen gemeinsamen
Maasstab hat."

Und Alain meint in: Mars ou la guerre jugée (Mars
oder der verurteilte Krieg):

"Dies Handwerk ist so furchtbar und steht so tief
unter den sittlichen Geboten, dass noch der unbedenk-
lichste sich sträubt, ohne Galgenhumor von ihm zu
reden."

IX.

Wenn ich mich erneut dazu entschlossen habe, Sie zu
bitten, meine Strafe so weit zu ermässigen, dass ich bald die
Freiheit erlange, so treibt mich dazu die Sorge um meine heute
64 jährige Mutter, die sich mit menschenunwürdigen Existenz-
mitteln durchschlagen muss und dringendst auf meine wirtschaft-
liche Unterstützung angewiesen ist, zu der ich fähig bin, weil
ich während meiner Gefangenschaft die Gesellen- und Meisterprüfung im Elektrohandwerk erlangt habe.

Ich bin am 21.2.1920 geboren, bin im Jahre 1938 nach
Besuch der Mittel-schule Soldat geworden, um Berufsoffizier
zu werden. Mein Dienst bewegte sich ausschliesslich im Bereich der Fronttruppe. Ich war siebenmal verwundet und habe ein
völlig straffreies Vorleben. Ich bin daher völlig verwirrt
darüber, dass gerade mich das Schicksal ausnehmend härter
anfassen sollte als andere in bedeutend höheren und umfassen-
deren Verantwortungen.

Landsberg/Lech, den 15.November 1954.

(Friedrich Christ)

6. Anlage zum Gnadengesuch vom 26.5.1954, betrifft Case 6–24,
Christ Friedrich, S. 1, S. 5 teilweise, S. 6–S. 9

FALL FRIEDRICH CHRIST, GNADENGESUCH - MEHRHEITSEMPFEHLUNG

Im Mehrheitsbeschluss empfehlen die unterzeichneten Mitglieder des Ausschusses, naemlich der Vorsitzende und die Herren
Plitt und Muller, ein gewisses Mass an Gnade durch Herabsetzung
der derzeitigen lebenslaenglichen Haftstrafe auf 32 Jahre zu ge-
waehren, und zwar beginnend mit dem 8.5.45, dem Zeitpunkt, an
dem die Voruntersuchungshaft des Antragstellers begann.

Aus den Unterlagen dieses Falles ist zu ersehen, dass Christ
Oberleutnant in der Waffen-SS und Fuehrer der 2. Panzer-Kompanie
im 1. Bataillon des 1. SS-Panzer-Regiments war, einer Einheit der
Kampfgruppe Peiper. Aus den Unterlagen ist ebenfalls ersichtlich,
dass er den Maennern seiner Einheit Befehle erteilte, keine
Kriegsgefangenen zu machen. Ferner war er beteiligt an der Heraus-
gabe von Befehlen zur Erschiessung von Kriegsgefangenen an der
Malmedy-Strassenkreuzung, La Gleize und Stoumont, Belgien. Diese Vergehen ergaben sich zum Teil aus der verwirrten schnell wech-
selnden und verzweifelten Kampflage. Urspruenglich wurde er am
16. Juli 1946 zum Tode verurteilt. Diese Strafe wurde am 22.3.49
in lebenslaengliche Haft geaendert. Mit anderen Worten: Fast
drei Jahre seiner Inhaftierung galt er als Todeskandidat. Die
meisten Strafen der Malmedy-Angeklagten, die bei der ersten Ueber-
pruefung oder durch Gnadenerlass vor der Errichtung unseres Ausschusses herabgesetzt wurden, liegen zwischen 10 bis 25 Jahre,
einschl. der des Armee-Kommandierenden Josef Dietrich, dessen lebenslaengliche Haftstrafe auf 25 Jahre herabgesetzt wurde. Fuer
11 der 13 lebenslaenglichen Faelle hat unser Ausschuss bereits
die Gewaehrung eines gewissen Masses an Gnade empfohlen. Von dem
Dreizehnten ist noch kein Gesuch bei dem Ausschuss eingegangen.

Christ bestritt in seiner eigenen Aussage alle gegen ihn erhobenen Anklagen. Er sagte ebenfalls aus, seine vorprozessuale Er-
klaerung sei unter Zwang zustande gekommen. Hinsichtlich des
Zwanges, der angewandt wurde, um vorprozessuale Erklaerungen und
Beweismittel zu erhalten, finden wir in den Christ's Gesuch beigefuegten Erklaerungen bemerkenswert viele Schriftsstuecke, die
die Anwendung von Druckmitteln bestaetigen.

Christ war bei Begehung der Tat 24 Jahre und 10 Monate alt.
Der Gefaengnisdirektor berichtet, seine Arbeitsleistung und Haltung seien hervorragend, er habe seine Inhaftierung als Schicksal
hingenommen, fuehle sich eines Verbrechens nicht schuldig, und
behaupte, keine Befehle zur Toetung von Kriegsgefangenen herausgegeben zu haben. Er sei ein ausgezeichneter Arbeiter, habe niemals die Gefaengnis-Verordnungen und -bestimmungen verletzt und gezeigt, dass er den Charakter und die Faehigkeit habe, bei einer
evtl. Entlassung einen guten Staatsbuerger abzugeben. Die Gefaengnisverwaltung vertritt die Ansicht, dass er die Anordnungen und
Bestimmungen einer evtl. zu gewaehrenden Paroleentlassung einhalten wuerde.

Die scheinbare Schwere der persoenlichen Beteiligung des Angeklagten an dem Vergehen, fuer welches die Verurteilung ausgesprochen wurde, deren Zuverlaessigkeit und Rechtmaessigkeit der Ausschuss auf Grund der Gemeinsamen Dienstvorschrift nicht in Frage stellen darf, wurde bei Abgabe unserer Empfehlung in Betracht gezogen.

Falls die empfohlene Herabsetzung der Strafe gewaehrt werden sollte, wuerde der Gesuchsteller am 8. Jan. 1956 zur Parole anstehen.

gez. Henry Lee Shattuck
     Vorsitzender

gez. Edwin A. Plitt
     Minister der U.S.A.

gez. Walter J. Muller
     Major General, U.S. Army

14. Sept. 1954

Kopie aus dem Bundesarchiv

7. Übersetzung, Fall Friedrich Christ, Gnadengesuch,
Mehrheitsempfehlung, 14.9.1954

29. November 1954
(Datum)

Gnaden Antrag des Friedrich CHRIST, WCP # 26

Führung in der Anstalt

Beschäftigung in der Anstalt:

Keine Veraenderung seit letztem Bericht vom 25.5.1954.

Ausführung der Arbeit:

Hervorragend.

Beschreiben Sie im einzelnen die Haltung gegenüber

a. dem Anstaltspersonal:

Ausgezeichnet, sehr kooperativ and zuvorkommend.

b. den anderen Gefangenen:

Ausgezeichnet.

Einwirkung der Haft auf den Gefangenen:

Dieser Antragsteller nimt seine Inhaftierung als Schicksal hin.

Einstellung des Gefangenen gegenüber seiner Verurteilung:

Dieser Antragsteller behauptet, dass er die Toetung von Kriegsgefangenen nicht anordnete. Aber er laesst sich auch keinerlei Verbitterung anmerken.

Führen Sie alle Verletzungen der Anstaltsvorschriften, in der Anstalt verhängte Strafen und Daten dazu an (einschließlich Verwirkung von Guter Führungszeit, falls solche ausgesprochen wurde):

Keine.

Kopie aus dem Bundesarchiv

Gesundheit und ärztlicher Bericht (wenn notwendig, fügen Sie ärztliche Bescheinigungen bei):

Siehe beigefuegten aerztlichen Bericht.

Zusammenfassendes Urteil über das Eingewöhnen in der Anstalt (Freizeit, Arbeit, Weiterbildung, usw.):

Waehrend seiner Freizeit hat sich dieser Antragsteller mit Studieren und Lesen beschaeftigt. Waehrend seiner Inhaftierung hat er die Meisterpruefung im Elektrohandwerk bestanden.

Persönliche Beobachtungen des Direktors: ***)

    Hat der Gefangene den Charakter und die Fähigkeit, nach seiner Entlassung ein guter Staatsbürger zu werden?

Ja.

Bemerkungen:

Die Gefaengnisverwaltung glaubt, dass dieser Antragsteller bestimmt den Charakter und die Faehigkeit besitzt, um im Falle einer Entlassung ein guter Staatsbuerger zu werden.

    Kann angenommen werden, daß er vertrauenswürdig ist und daß er wahrscheinlich die Richtlinien und Bestimmungen der Parole befolgen wird, falls sie ihm gewährt wird?

Ja.

Bemerkungen:

Der Antragsteller war in allen seinen Arbeiten vertrauenswuerdig, und die Gefaengnisverwaltung glaubt, dass er die Bedingungen und Vorschriften einer Parolierung genau einhalten wuerden, falls er parolereif gemacht wird.

***) Dieser Insasse aeusserte sich dankbar ueber seine Herabsetzung, aber er sagte, dass er enttaeuscht sei, weil ihn diese Herabsetzung nicht parolereif gemacht hat. Infolge seiner guten Zusammenarbeit und seinem Bemuehen, sich waehrend der Inhaftierung weiterzubilden hat er einen sehr guten Eindruck auf die Gefaengnisverwaltung gemacht. Wie er sagte, glaube er, dass er fuer irgend-welche Verfehlungen vollauf gebuesst haette, und dass er aufrichtig hofft, dass der Ausschuss seinem zweiten Antrag guenstig beruecksichtig, um parolereif zu werden. Die Gefaengnisverwaltung empfihelt in jeder Weise eine Beruecksichtigung fuer eine weitere Herabsetzung.

E. C. MOORE, JR, Colonel, MPC

(Unterschrift des Gefängnisdirektors)

Kopie aus dem Bundesarchiv

8. Gnaden-Antrag des Friedrich Christ, Führung in der Anstalt,
29.11.1954

War Criminal Prison No. 1

Landsberg/Lech

24. MAI 1955

(Datum)

Parole - Antrag des Friedrich CHRIST, WCP # 26

Führung in der Anstalt

Beschäftigung in der Anstalt:

Keine Veraenderung seit letztem Bericht vom 29.11.1954.

Ausführung der Arbeit:

Hervorragend.

Beschreiben Sie im einzelnen die Haltung gegenüber

    a. dem Anstaltspersonal:

    Ausgezeichnet, sehr kooperativ und zuvorkommend.

    b. den anderen Gefangenen:

    Ausgezeichnet.

Einwirkung der Haft auf den Gefangenen:

Siehe letzten Bericht vom 29.11.1954.
Waehrend der Inhaftierung zeigte er eine gute Anpassungsfaehigkeit.

Einstellung des Gefangenen gegenüber seiner Verurteilung:

Siehe letzten Bericht vom 29.11.1954.

Führen Sie alle Verletzungen der Anstaltsvorschriften, in der Anstalt verhängte Strafen und Daten dazu an (einschließlich Verwirkung von Guter Führungszeit, falls solche ausgesprochen wurde):

Keine.

Gesundheit und ärztlicher Bericht (wenn notwendig, fügen Sie ärztliche Bescheinigungen bei):

Siehe beigefuegten aerztlichen Bericht.

Zusammenfassendes Urteil über das Eingewöhnen in der Anstalt (Freizeit, Arbeit, Weiterbildung, usw.):
**Der Antragsteller hat sich in der groesstmoeglichsten Weise die Gefaengnis-
schule zunutze gemacht indem er an allem verfuegbarem Unterricht auf kauf-
maennischen und technischen Gebieten teilnahm.**

Persönliche Beobachtungen des Direktors: ****)**

    Hat der Gefangene den Charakter und die Fähigkeit, nach seiner Entlassung ein guter Staatsbürger zu werden?

Ja.

Bemerkungen:

**Die Gefaengnisverwaltung glaubt, dass dieser junge Antragseller die
Intelligenz, den Charakter und die Faehigkeit besitzt, im Falle einer
Entlassung ein guter Staatsbuerger zu sein.**

    Kann angenommen werden, daß er vertrauenswürdig ist und daß er wahrscheinlich die Richtlinien und Bestimmungen der Parole befolgen wird, falls sie ihm gewährt wird?

Ja.

Bemerkungen:
**Wie oben bereits erwaehnt, ist dieser Antragsteller ein "oertlich Parolierter"
(Vertrauensstellung). Man glaubt, dass er die Bedingungen und Vorschriften
einer Parole einhalten wuerde, falls eine solche gewaehrt wird.
GENEHMIGUNG STARK BEFUERWORTET.
**) Siehe letzten Bericht vom 29.11.1954.
Dieser Insasse, der eine Vertrauensstellung ("Oertliche Parole") innehat,
hat das in ihn gesetzte Vertrauen nie verletzt. Er ist der Gefaengnis-Elektro-
Werkstatt zugeteilt und hat auf die Gefaengnisverwaltung durch seine hervorra-
gende Arbeitserledigung, seine kooperative Haltung und seine aufgeklaerte
Weltanschauung den besten Eindruck gemacht. Die Gefaengnisleitung ist der Mei-
nung, dass dieser musterhafte Insasse sich auf ausgezeichnete Weise eingeordnet
und grosse Anstrengungen macht, sich akademisch und technisch weiterzubilden, um
fuer eine Entlassung ins Zivilleben beruecksichtigt zu werden. Waehrend er hier
war, hat er erfolgreich die Meisterpruefung als Elektriker bestanden.**

E. C. MOORE, JR, Colonel, MPC
(Unterschrift des Gefängnisdirektors)

9. Parole-Antrag des Friedrich Christ, Führung in der Anstalt, 24.5.1955

General Henry I. HODES
Oberbefehlshaber der U.S.Armee in Europa
APO 403   31.Oktober 1957

Herr General,
        Am   8.7.57   hat die deutsche Regierung unter Bezug-
nahme auf Artikel 6, Teil 1, Absatz 3c des Überleitungsvertrages
den Gemischten Ausschuss ersucht, festzustellen, ob im Falle des
Parolierten   CHRIST, Friedrich

der auf Grund eines Parolebefehls vom   25. Juni 1955   aus
Landsberg entlassen wurde, ein Gnadenerweis angebracht sei.Eine
Abschrift dieses Gesuches ist beigefügt.
        Der Ausschuss hat weiterhin schriftliche Berichte des U.S.
Parolebeamten, des Paroleüberwachers und des Parolebürgen mit zu-
sammenfassenden Angaben über seine Parolierungszeit erhalten, in
denen bestätigt wird, daß er sich in der Parole gut geführt und
erfolgreich in die Gesellschaft wiedereingegliedert hat.
        Der Ausschuss hat das Gesuch der Bundesregierung behandelt
und die Berichte des U.S.Parolebeamten, des deutschen Paroleüberwachers und des Parolebürgen berücksichtigt. Die Berichte wurden
als zufriedenstellend befunden und in Anwesenheit aller Mitglieder
oder ihrer rechtmässigen Stellvertreter beschloß der Ausschuss
in einer Sitzung   EINSTIMMIG
der zuständigen Behörde, d.h. dem Oberbefehlshaber der U.S.Armee
in Europa zu empfehlen, die Strafe des
                    CHRIST,Friedrich
gnadenweise auf die bereits verbüsste Zeit herabzusetzen.
            FÜR DEN AUSSCHUSS:
            gez. Spencer Phenix
        stellv. Vorsitzender

Kopie aus dem Bundesarchiv

10. Anschreiben des Stellvertretenden Vorsitzenden
des Gnadenausschusses an den Oberbefehlshaber der U.S. Armee
in Europa vom 31.10.1957

AMERICAN EMBASSY IN GERMANY
Office of the U.S. Parole Officer
Bad Godesberg, Mehlemer Aue

3386/50

Den 20. Dezember 1957

Herrn Hellmut Meng,
    Bonn/Rhein,
        Bahnhofstrasse 42.

Betrifft: Herabsetzung der Strafe und Beendigung der Parole des
Friedrich C H R I S T , geb. 21. Februar 1920

Lieber Herr Meng:

    Hierdurch teile ich Ihnen mit, dass der unverbuesste Teil der
Strafe des Herrn C H R I S T von der zustaendigen Behoerde
mit Wirkung von 30. November 1957 erlassen wurde. Somit wurde
seine Parole beendet und er aus jeglicher Ueberwachung endgueltig
entlassen.

    Der Straferlass beruht auf einer Empfehlung des Gemischten
Ausschusses nach Begutachtung des von der Bundesregierung am
6. Juli 1957 gestellten Antrags.

    Ich bitte Sie, die entsprechende Mitteilung an das Auswaertige
Amt zu machen.

                                   Mit freundlichem Gruss.

D.
An die
Zentrale Rechtsschutzstelle
B o n n
mit der Bitte um Kenntnisnahme.

                     DeForest A. Barton
                     U. S. Parole Officer

           i.A.

Kopie aus dem Bundesarchiv

11. Anschreiben des Office of the U.S. Parole Officer
an die zentrale Rechtsschutzstelle betreffend Herabsetzung der Strafe
und Beendigung der Parole, 20.12.1957

Quellenangaben und Literaturhinweise

1. Aachener Zeitung 16.7.2016, Der Malmedy-Prozess. Ein Kriegsverbrechen und sein Nachspiel
2. Agte, Patrick, Jochen Peiper, Gilching 2008
3. Akte G 35, ohne Verfasser, ohne Datum, schreibmaschinengeschriebenes Dokument, zum Teil handschriftliche Anmerkungen zum Malmedy-Prozess, ca. 1949, Institut für Zeitgeschichte, München
4. Albrecht, T., Biographie einer Kampfgruppe. Die Täter von Malmedy, in Quadflieg (Hrsg.), 2010
5. Allbritton, W.T. u. Mitcham jr., S.W., SS-Oberstgruppenführer und Generaloberst der Waffen-SS Joseph (Sepp) Dietrich, in Ueberschär, G. (Hrsg.), Hitlers militärische Elite, Band 2, Darmstadt 1998
6. Althaus, U., NS-Offizier war ich nicht. Die Tochter forscht nach. Gießen 2006
7. Archivalie des Bundesarchivs Berlin, R 9361 – III / 320134 (Teile der Personalakte Friedrich Christ)
8. Archivalien der National Archives and Records Administration NARA, Washington, D.C., RG 549,Entry 2242, Records relating to parolees (Landsberg), Box 17, 2 folders, 1088 Seiten Fotokopien
9. Archivalien des Bundesarchivs Koblenz, Bestand 305, Signaturen 6340, 6341, 5671, 5672 (Akten des Auswärtigen Amtes, Rechtsschutzstelle, Tätigkeit des Mixed Clemency Board)
10. Archivalien des Bundesarchivs, Militärarchiv Freiburg, B438/113 (HIAG), N756/105,106,107,455,505 (Volpesal Wolfgang), NS33/392 (SS-Führungshauptamt), RH//1791,2473 (Heerespersonalamt), RH10/312 (LSSAH), RS13/129.154,122-126, RS13/17 (Junkerschule Tölz), ZA1/270,271 (Interview Peiper 1945)

11. Archivalien des Instituts für Zeitgeschichte, München, Mikrofilmrollen Shipment 11, Box 4-2, folder 9, verschiedene Korrespondenz, 1.8.1948 bis 31.7.1949, Mikrofilmrollen Shipment 17, Box 213-1, Folder 18, miscellanous papers Malmedy case, 1.5.48 bis 31.7.1949, Mikrofilmrollen Shipment 2, Box 135-3, Folder 6-12, Malmedy Trial, analysis of individual cases, u. a. Christ

12. Aschenauer, R., Zur Frage der Revision der Kriegsverbrecherprozesse, Nürnberg 1949

13. Assmann, A. u. Frewert, U., Geschichtsvergessenheit, Geschichtsversessenheit. Vom Umgang mit der deutschen Vergangenheit nach 1945, Stuttgart 1999

14. Assmann, A., Der lange Schatten der Vergangenheit. Erinnerungskultur und Geschichtspolitik, München 2006

15. Autzen, M., „Crossroads Incident": Die Instrumentalisierung des „Malmedy-Massakers" in der Nachkriegszeit, in Quadflieg, P.M. u. Rohrkamp, R., 2010

16. Bajohr, F., Neuere Täterforschung, in von Wrochem, O. (Hrsg.), Nationalsozialistische Täterschaften. Nachwirkungen in Geschichte und Gesellschaft, Berlin 2016

17. Bauman, Z., Dialektik der Ordnung. Die Moderne und der Holocaust, Hamburg 2002

18. Bauman, Z., Moderne und Ambivalenz. Das Ende der Eindeutigkeit, Hamburg 2005

19. Bauserman, J.M., The Malmedy Massacre, Shippensburg 1995

20. Berthold, W., Malmedy. Das Recht des Siegers, München 1977

21. Brochhagen, U., Nach Nürnberg. Vergangenheitsbewältigung und Westintegration in der Ära Adenauer, Berlin 1999

22. Browning, C.R., Ganz normale Männer, Reinbek bei Hamburg 1993

23. Buchheim, H., Anatomie des SS-Staates, DTV Dokumente, München 1979

24. Burckhardt, J., Weltgeschichtliche Betrachtungen, Stuttgart 1955

25. Buscher, F., Bestrafen und Erziehen, „Nürnberg" und das Kriegsverbrecherprogramm der USA, in Frei, N., 2006

26. Buscher, F., The US War Crimes Trial Program in Germany, New York 1989

27. Chamberlain, S., Adolf Hitler, die deutsche Mutter und ihr erstes Kind. Über zwei NS-Erziehungsbücher, Gießen, 2010

28. Clay Large, D., Reckoning without the Past: The HIAG of the Waffen-SS and the Politics of Rehabilitation in the Bonn Republic, 1950-1961, Review Article, Journal of Modern History, Vol. 59,1, 79-113

29. Clay, C., Leapman, M., Herrenmenschen. Das Lebensborn-Experiment der Nazis, München 1997

30. Clay, L.D., Entscheidung in Deutschland, Frankfurt am Main 1950

31. Cüppers, M., Walther Rauff – in deutschen Diensten. Vom Naziverbrecher zum BND-Spion, Darmstadt 2013

32. Der Freiwillige. Kameradschaftsblatt der HIAG, 4. Jahrg., April 1959, Denkschrift – Die Waffen-SS und das Gesetz gem. Artikel 131 GG, S. 5-37

33. Der Spiegel, 3.11.1949, Wasche den Pelz

34. Deutsche Dienststelle für die Benachrichtigung der nächsten Angehörigen WASt, Berlin, Fotokopien von Personalpapieren, Angaben zu Verwundungen/Lazarettaufenthalten

35. Diehl, P., Macht, Mythos, Utopie. Die Körperbilder der SS-Männer, Berlin 2005

36. Echternkamp, J., Soldaten im Nachkrieg. Historische Deutungskonflikte und westdeutsche Demokratisierung 1945-1955, Beiträge zur Militärgeschichte, Band 76, München 2014

37. Eiber, L. u. Sigl, R. (Hrsg.), Dachauer Prozesse, NS-Verbrecher vor amerikanischen Militärgerichten, Dachauer Symposien zur Zeitgeschichte, Göttingen 2007

38. Eichmüller, A., Die SS in der Bundesrepublik, Debatten und Diskurse über ehemalige SS-Angehörige 1949 – 1985, Berlin 2018

39. European Command Headquarters, Public Information Division, Eucom Release No. 168, 28.3.1949, in Malmedy Massacre Investigation 1949, siehe Quelle Nr. 124

40. Focus-Magazin Nr. 38, 1996, Interview mit dem Historiker Hans Mommsen über den Weg zum Holocaust, die Präventivkriegsthese und die Selbstzerstörung des Dritten Reichs, hier Ausführungen zum Begriff der kumulativen Radikalisierung

41. Form, W., Justizpolitische Aspekte west-alliierter Kriegsverbrecherprozesse 1942-1950, in Eiber, L. und Sigl, R. (Hrsg.), Dachauer Prozesse, Göttingen 2007

42. Frei, N., Amnestiepolitik in den Anfangsjahren der Bundesrepublik, in Smith, G. und Margalit, A. (Hrsg.), Amnestie oder Politik der Erinnerung in der Demokratie, Frankfurt am Main 1979

43. Frei, N., Der Führerstaat. Nationalsozialistische Herrschaft 1933 bis 1945, München 1987

44. Frei, N., Vergangenheitspolitik. Die Anfänge der Bundesrepublik und die NS-Vergangenheit, München 1996

45. Frei, N.,Transnationale Vergangenheitsbewältigung. Der Umgang mit deutschen Kriegsverbrechern in Europa nach dem 2. Weltkrieg, Göttingen 2006

46. Hammermann, G., Verteidigungsstrategien der Beschuldigten in den Dachauer Prozessen und im Internierungslager Dachau, in Eiber, L. und Sigl, R. (Hrsg.), Dachauer Prozesse, Göttingen 2007

47. Hankel, G., Die Leipziger Prozesse. Deutsche Kriegsverbrechen und ihre strafrechtliche Verfolgung nach dem Ersten Weltkrieg, Hamburg 2003

48. Höhne, H., Der Orden unter dem Totenkopf. Die Geschichte der SS, München 2002

49. Howell, E.-J., Von den Besiegten lernen. Die kriegsgeschichtliche Kooperation der US-Armee und der ehemaligen Wehrmachtselite 1945-1951, Berlin 2016

50. https://archive.org/details/Ziemssen-Dietrich-Der-Malmedy-Prozess, Zugriff 23.18.2019

51. https://forum.axishistory.com, verschiedene Einträge unter den Stichworten Friedrich Christ, Hans-Joachim Peiper, Malmedy Incident, Landsberg Prison No. 1, Dachau Trials etc.

52. https://www.forum.panzer-archiv.de, Eintrag vom 3.4.2006, Jens Westemeier, Peiper-Buch: Meine Stellungnahme als Autor, Zugriff 19.01.2018, Seite zum 25.05.2018 abgeschaltet

53. https://www.jewishvirtuallibrary.org./background-and-overview-of-massacre-at- malmedy, Zugriff 23.08.2019

54. https://www.loc.gov. Library of Congress, Military Legal Resources, Malmedy Massacre Investigation, Part 1, Part 2, 1949, Zugriff 6.9.2019

55. https://www.youtube.com/watch, Video Malmedy Massacre Trial Uncut, Youtube 2.10.2011, 43 Minuten, Zugriff 23.08.2019

56. https://www.zukunft-braucht-erinnerung.de/stille-hilfe-eine-hilfsorganisation-für-ns-moerder/ Febr. 2015, S.Loubichi, Zugriff 23.8.2019

57. Information Services Division, Office of the US High Commissioner for Germany, Landsberg, ein dokumentarischer Bericht, 1951, hierin: Entscheidungen des Oberbefehlshabers der amerikanischen Streitkräfte in Deutschland über die Gnadengesuche der in Dachau verurteilten Kriegsverbrecher

58. Jantsch, S., Der Malmedy-Prozess. Inwiefern waren die Geständnisse forciert? München 2007

59. Kammer, H. u. Bartsch, E., Lexikon Nationalsozialismus, Reinbek bei Hamburg, 6. Aufl. 2002

60. Kaschuba, W., Deutsche Wir-Bilder nach 1945. Ethnischer Patriotismus als kollektives Gedächtnis? In Baberowski, J. u. Kaelbe, H. (Hrsg.), Selbstbilder und Fremdbilder. Repräsentation sozialer Ordnungen im Wandel, Frankfurt am Main 2008

61. Kay, A.J., The Making of an SS Killer, The Life of Colonel Alfred Filbert, 1905–1990, Cambridge 2016

62. Kempner, R.M.W., Ankläger einer Epoche. Lebenserinnerungen, Berlin 1983

63. Kogon, E., Der SS-Staat. Das System der deutschen Konzentrationslager, München, 31. Aufl. 1974

64. Krahmann, J.M., Führerausbildung in der Waffen-SS, Nordhausen 2013

65. Kühne, T., Dämonisierung, Viktimisierung, Diversifizierung. Bilder von nationalsozialistischen Gewalttätern in Gesellschaft und Forschung seit 1945, in von Wrochem, O. (Hrsg.), Nationalsozialistische Täterschaften, Nachwirkungen in Gesellschaft und Familie, Berlin 2016

66. Kühne, T., Der NS-Vernichtungskrieg und die ganz normalen Deutschen, Archiv für Sozialgeschichte, 1999, 39, 580-662

67. Kühne, T., Kameradschaft. Die Soldaten des nationalsozialistischen Krieges und das 20. Jahrhundert, in Kritische Studien zur Geschichtswissenschaft, Band 173, Göttingen 2006

68. Levi, P., Die Untergegangenen und die Geretteten, München 1986

69. Lieb, P., Konventioneller Krieg oder NS-Weltanschauungskrieg? Kriegsführung und Partisanenbekämpfung in Frankreich 1943/44, München 2007

70. Longerich, P., Heinrich Himmler, Biographie, München 2008

71. Lübbe, H., Der Nationalsozialismus im deutschen Nachkriegsbewusstsein, Historische Zeitschrift 236, 1983, 579-599

72. Lübbe, H., Vom Parteigenossen zum Bundesbürger, über verschwiegene und historisierte Vergangenheiten, München 2007

73. Man, M., Were the perpetrators real Nazis or ordinary people? Holocaust and Genocide Studies, 2000, Vol. 14, No. 3, 331-336

74. Memorandum by the Evangelical Church in Germany on the Question of War Crime Trials before American Military Courts, published by the Council of the Evangelical Church in Germany, by Bishop D. Wurm, Church President Niemöller and Prelate Dr. Hartenstein, 1950

75. Meyer, K., Geweint wird, wenn der Kopf ab ist. Annäherungen an meinen Vater – „Panzermeyer", Generalmajor der Waffen-SS, Freiburg 1998

76. Mitcham jr., S.W., SS-Obergruppenführer und Generaloberst der Waffen-SS Paul Hauser, in Ueberschär, G. (Hrsg.), Hitlers militärische Elite, Band 1, Darmstadt 1998

77. Mommsen, H., Der Nationalsozialismus. Kumulative Radikalisierung und Selbstzerstörung des Regimes, in Meyers Enzyklopädisches Lexikon Bd. 16, 1976, S. 785-790

78. Mommsen, H., Forschungskontroversen zum Nationalsozialismus (Funktionalismus vs. Ideengeschichte, Kumulative Radikalisierung) in Aus Politik und Zeitgeschichte, Beilage zur Wochenzeitung Das Parlament, Band 14-15/2007

79. Moré, A., Die psychologische Bedeutung der Schuldabwehr von NS-Tätern und ihre implizite Botschaft an die nachfolgende Generation, Gruppenanalyse 21(2), 2011, S. 139-156

80. Moré, A., Die unbewusste Weitergabe von Traumata und Schuldverstrickung an die nachfolgende Generation, Journal für Psychologie, Jg. 21 (2013), Ausgabe 2

81. National Records, Records of the US-Army (NARA), War Crime Trials in Europe, US-Army Investigation and Trial Records, Case 6-24, Malmedy Massacre Case, United States of America vs. Valentin Bersin et al., 1946, 6 Mikrofilmrollen

82. Parker, D.S., Fatal Crossroads. The untold Story of the Malmédy Massacre at the Battle of the Bulge, Cambridge MA 2012

83. Pauer-Studer, H. u. Velleman, J.D., „Weil ich nun mal ein Gerechtigkeitsfanatiker bin". Der Fall des SS-Richters Konrad Morgen, Berlin 2017

84. Poliakow, L. u. Wulf, J., Das Dritte Reich und seine Diener, Berlin 1983

85. Quadflieg, P.M. und Rohrkamp, R. (Hrsg.), Das „Massaker von Malmedy". Täter, Opfer, Forschungsperspektiven, Aachen 2010

86. Raithel, T., Die Strafanstalt Landsberg am Lech und der Spröttinger Friedhof 1944–1958, München 2009

87. Raithel, T., Strafanstalt Landsberg am Lech, in https://www.historisches-lexikon-bayerns.de (Zugriff 06.08.2019)

88. Remy, St., Finding Fake News in History. Interview on Harvard University Blog, 10.7.2017

89. Remy, St., The Malmedy Massacre. The War Crimes Controversy, Harvard 2017

90. Review and Recommendation of the Deputy Judge Advocate for War Crimes, United States Department of War, 20.10.1947

91. Rohrkamp, R. und Quadflieg, P.M., Die Erschießungen von Baugnez, eine Chronologie, in Quadflieg (Hrsg.), 2010

92. Rohrkamp, R., „Weltanschaulich gefestigte Kämpfer". Die Waffen-SS 1933–1945, in Quadflieg (Hrsg.), 2010

93. Rohrkamp, R., Die Rekrutierungspraxis der Waffen-SS, in Schulte, J.E. et al., 2014

94. Rohrkamp, R., Die Waffen-SS in den letzten Kriegsjahren, in Quadflieg (Hrsg.), 2010

95. Rohrkamp, R., Quadflieg, P.M., Das „Massaker von Malmedy". Täter, Opfer, Forschungsperspektiven, Aachen 2010

96. Rohrkamp, R., Rekrutierungspraxis der Waffen-SS in Frieden und Krieg, in Schulte et al. 2014

97. Römer, F., Die narzisstische Volksgemeinschaft. Theodor Habichts Kampf 1914 bis 1944, Frankfurt am Main 2017

98. Schneider, W., Die Waffen-SS, Augsburg 2008

99. Schoenfeld, G., Remember Malmedy. The truth, and untruth, of a german atrocity, https://www.washingtonexaminer. com/weeklystandard, 19.6.17, Zugriff:06.08.2019

100. Schuller, W., Anatomie einer Kampagne, Hans Robert Jauß und die Öffentlichkeit, Leipzig 2017

101. Schulte, J.E., Bildungsarbeit mit Soldatinnen und Soldaten am Täterort, in von Wrochem, O. u. Koch, P., Gedenkstätten des NS-Unrechts und Bundeswehr, Paderborn 2010

102. Schulte, J.E., Lieb, P., Wegner, B. (Hrsg.), Die Waffen-SS. Neue Forschungen, Paderborn 2014

103. Schwartz, T.A., Die Begnadigung deutscher Kriegsverbrecher, Vierteljahreshefte für Zeitgeschichte, Jahrgang 38, 1990, Heft 3, S. 375-414

104. Shay, J., Achilles in Vietnam. Combat Trauma and the Undoing of Personality, New York 1996

105. Shils, E. u. Janowitz, M., Cohesion and Disintegration in the Wehrmacht in World War II, Public Opinion Quarterly, American Ass. of Public Opinion Research, Summer 1948, 281-317

106. Sigl, R., Die Dachauer Prozesse und die deutsche Öffentlichkeit, in Eiber, L. und Sigl, R. (Hrsg.), Dachauer Prozesse, Göttingen 2007

107. Sigl, R., Im Interesse der Gerechtigkeit. Der Dachauer Kriegsverbrecherprozeß, Frankfurt am Main 1992

108. Stiepani, U., Die Dachauer Prozesse und ihre Bedeutung im Rahmen der alliierten Strafverfolgung von NS-Verbrechen, in Ueberschär, G.R., Der Nationalsozialismus vor Gericht, Frankfurt am Main 1999

109. Süddeutsche Zeitung, 18./19.1.2014, Frieden durch Recht. Erinnerungen eines der Chefankläger der Nürnberger Nachfolgeprozesse

110. Süddeutsche Zeitung, 20.1.2015, Die SS massakrierte US-Kriegsgefangene bei Malmedy

111. Ueberschär, G.R.: Der Nationalsozialismus vor Gericht. Die alliierten Prozesse gegen Kriegsverbrecher und Soldaten 1943–1952, Frankfurt am Main 2011

112. United States Printing Office, United States vs. Valentin Bersin, Case 6-24 Malmedy Trials, Review and Recommendation of the Deputy Judge Advocate for War Crimes 20.10.1947, Washington 1949

113. Wegner, B., Hitlers Politische Soldaten. Die Waffen-SS 1933-1945, 6. Aufl., Paderborn 1999

114. Weingartner, J. J., A Peculiar Crusade. Willis M. Everett and the Malmedy Massacre, New York 2009

115. Weingartner, J.J., Crossroads of Death. The Story of the Malmedy Massacre and Trial, Berkeley 1979

116. Westemeier, J., Die Junkerschulgeneration, in Schulte et al., 2014

117. Westemeier, J., Hans Robert Jauß. Jugend, Krieg und Internierung, Wissenschaftliche Dokumentation, Geiselhöring Mai 2015

118. Westemeier, J., Himmlers Krieger, Joachim Peiper und die Waffen-SS, Krieg in der Geschichte, Band 71 Paderborn 2014

119. Westemeier, J., Joachim Peiper, SS-Standartenführer. Eine Biographie, Osnabrück 1996

120. Westemeier, J., Joachim Peiper, Zwischen Totenkopf und Ritterkreuz, Lebensweg eines SS-Führers, Bissendorf 2006

121. Westemeier, J., Stiefbruder der Wehrmacht? Die Verfügungstruppe als Vorläufer der Waffen-SS, in Clausewitz Spezial, die Geschichte der Waffen-SS, Teil 1, S. 34-41, München 2017

122. Wilke, K., „Die Hilfsgemeinschaft auf Gegenseitigkeit" (HIAG) 1950-1990. Veteranen der Waffen-SS in der Bundesrepublik, Paderborn 2011

123. Wilke, K., Die Truppenkameradschaften der Waffen-SS 1950 bis 1990, Organisationsgeschichte, Entwicklung und innerer Zusammenhalt, in Schulte et al. 2014

124. Wolf-Rokosch, F., Ideologie der Waffen-SS. Ideologische Mobilmachung 1942-1945, Hamburg 2014

125. Worst, T., Career, Crimes and Trial of SS-Sturmbannführer Gustav Knittel, Books-on-Demand, Al Zwaag 2016

126. Würzburger, E., „Der letzte Landsberger": Amnestie, Integration und die Hysterie um die Kriegsverbrecher in der Adenauer-Ära, Holzminden 2015

127. www.zeit.de/1950/24/habeas-corpus-nicht-fuer-uns

Abbildungsnachweise

Dokumentennachweise

1. Handschriftlicher Lebenslauf Friedrich Christ, 9.10.1940, Junkerschule Tölz, BArch Berlin R 9361/III
2. Dienstlaufbahn Friedrich Christ, tabellarische Zusammenfassung 1938 bis 6.6.1944, BArch Berlin R 9361/III
3. Abgangszeugnis Friedrich Christ, Junkerschule Tölz, 20.3.1941, BArch Berlin R9361/III
4. Beförderung Friedrich Christ zum SS-Obersturmführer, 20.8.1943, BArchiv Berlin R9361/III
5. Beurteilung Friedrich Christ, Kompanieführerschule Versailles, 18.12.43, BArch Berlin R9361/III
6. Übersetzung, Fall Friedrich Christ, Gnadengesuch, Mehrheitsempfehlung, 14.9.1954, BArch Koblenz B 305,5671
7. Gnaden-Antrag des Friedrich Christ, Führung in der Anstalt, 29.11.1954, S. 1, S. 5 teilweise, S. 6–S. 9, BArch Koblenz B 305,5671
8. Anlage zum Gnadengesuch vom 26.5.1954, betrifft Case 6–24, Christ Friedrich, BArch Koblenz B 305,5671
9. Parole-Antrag des Friedrich Christ, Führung in der Anstalt, 24.5.1955, BArch Koblenz B 305,5671
10. Anschreiben des stellvertretenden Vorsitzenden des Gnadenausschusses an den Oberbefehlshaber der U.S. Armee in Europa vom 31.10.1957, BArch Koblenz B 305/5671
11. Anschreiben Office of the U.S. Parole Officer betreffend Herabsetzung der Strafe und Beendigung der Parole, 20.12.1957, BArch Koblenz B 305,5671
12. Handschriftlicher Brief aus dem Gefängnis, Friedrich Christ an seine Mutter, 2.2.1949, Umschlag/Außentitel, privat